AF278107

Sur/Norte

Egidio Ivetic

Sur/Norte

La frontera global en el Mediterráneo

Traducción de Miguel Paredes Larrucea

Alianza editorial
El libro de bolsillo

Título original: *Sud/Nord. La frontiera globale nel Mediterraneo*

Primera edición: marzo de 2026

Diseño de colección: Estrada Design
Diseño de cubierta: Manuel Estrada
Fotografía de Javier Ayuso

© 2024 by Società editrice il Mulino
© de la traducción: Miguel Paredes Larrucea, 2026
© Alianza Editorial, S. A., Madrid, 2026
    Calle Valentín Beato, 21
    28037 Madrid
    www.alianzaeditorial.es

PAPEL DE FIBRA
CERTIFICADA

ISBN: 979-13-7009-182-8
Depósito legal: M-133-2026
Printed in Spain

Índice

Prólogo

¿Qué es hoy el Mediterráneo? Ante todo una imagen: rostros desesperados, olas, cayucos. Asistimos a una dramática migración hacia las costas de Europa. Y es que el Mediterráneo se ha convertido en un umbral, en un segmento de la frontera global. Existen el Norte y el Sur global, el mundo de las economías avanzadas y de los pudientes, por una parte, y el mundo de los que querrían tener una vida digna, por otra. Las relaciones entre las partes han cambiado en las últimas décadas, el Sur global se ha transformado, diversificado, pero lo que no ha cambiado es la pobreza ni las líneas de demarcación que separan y que ponen de manifiesto el contraste Sur/Norte. La confrontación y el contacto directo entre estos mundos no se producen de forma difusa; todo lo contrario, ocurren sobre todo en dos lugares específicos: a lo largo de la frontera que separa México de Estados Unidos y justamente a lo largo de la frontera que atraviesa el Mediterráneo.

El Mediterráneo ha sido durante milenios una puerta, una oportunidad, ha unido y dividido las orillas. El resultado de la historia reciente, la del siglo xx, no debía ser un mar cementerio, sino el mar de la compartición y de un mercado común. Y a pesar de todo sigue existiendo el deseo de no seguir viendo el Mediterráneo como confín de algo, por evidente que sea que está atravesado –esa es su naturaleza– por confines políticos y culturales. Ir más allá de los límites, superar las diferencias, buscar sintonías y semejanzas, ese ha sido el propósito sobre todo cultural, sobre todo europeo, desde los años ochenta del siglo pasado hasta la actualidad. Se ha escrito y se ha razonado en términos de convergencias. La finitud de este mar, su forma cerrada pero recortada, inspira una comunión entre las partes en su interior. Pero la realidad del Mediterráneo político es muy distinta.

El drama que vemos es un síntoma del hecho de que el Mediterráneo es la frontera de la Unión Europea. Nada nuevo: el mar ha sido a lo largo de su historia un confín entre mundos diversos, primero entre la cristiandad (que es como se llamaba Europa) y el islam; después entre Estados poderosos y otros menos poderosos, según lógicas coloniales. ¿Frontera o más bien confín? Para ser precisos, los dos términos solo son intercambiables en un sentido genérico. El confín es la línea que encierra lo que es de una comunidad. Es decir: hasta ahí es nuestro. Frontera, como término, deriva de «frente» y tiene algo de militar; a menudo es una línea establecida por tratados de paz al término de alguna guerra. La frontera es permeable, pero se entiende como algo que hay que proteger. Los confines presuponen zonas limítrofes, zonas de paso, matices y gradaciones; la frontera implica elecciones, divisiones, exclusiones. Al tiempo que la Unión Europea elimina las fronteras interiores –y ese es su mayor logro–, levanta fronteras exteriores hacia el Este, es decir, hacia Rusia, y hacia el Sur, es decir, hacia el Sur global, e intenta cerrarse delegando esa tarea en sus Estados mediterráneos y balcánicos. Es un *limes* confuso y trágico.

El Mediterráneo ha tenido desde siempre su Norte y su Sur. Es geografía y es historia. El Norte es Europa; el Sur son Levante y África. El Sur fue durante mucho tiempo Oriente; el Norte fue y es Occidente. Occidente y Oriente se han enfrentado en el Mediterráneo desde la Antigüedad, según una remota simetría. Hoy día se renueva esta subdivisión en la forma de una frontera marítima entre la Unión Europea y el Sur/Oriente, representado concretamente por Turquía y después Siria, Líbano, Túnez, Argelia y Marruecos, Estados que forman parte de la Liga Árabe. Israel, como se sabe, es un caso aparte: es un país occidental situado en Oriente Medio y en las orillas del Sur.

Se habla de Occidente y de no-Occidente, formado este último, a escala mundial, por muchos sujetos, los así llamados BRICS (Brasil, Rusia, India, China y Sudáfrica), por ejemplo, y luego todas las periferias de Occidente, desde los Estados latinoamericanos hasta Indonesia. El no-Occidente se declina aquí, en el Mediterráneo, como el Magreb, Oriente Medio, Turquía y los Balcanes occidentales, contextos considerados por la política de la Unión Europea como la vecindad *(neighbourhood)* meridional. Este no-Occidente mediterráneo está siguiendo su propio camino y mira ahora a otra parte en términos políticos y culturales, mira a China, a los países del Golfo, a Rusia... y no se siente ya, no se siente en absoluto, una periferia de Occidente. Es el mundo que ha cambiado en los últimos diez años. Un mundo claramente policéntrico. Así, en el Mediterráneo, la frontera de la UE coincide con la frontera entre el Norte y el Sur global y, en definitiva, entre Occidente y no-Occidente.

El Mediterráneo, por lo demás, es desde siempre la suma de las realidades e historias que se reflejan en él. Todos los desafíos globales del siglo XXI, desde la geopolítica al cambio climático, convergen en este mar. El tiempo pasa deprisa, todos lo percibimos, y la historia se funde con el presente en una aceleración de los acontecimientos.

Este ensayo es un intento de comprender dónde nos encontramos respecto a todas las épocas anteriores. Es una respuesta en términos históricos a la cuestión de la frontera Norte/Sur en el Mediterráneo. ¿Cómo hemos llegado hasta ahí?

Cada época histórica tiene su Mediterráneo. El del mapa de las dos siguientes páginas es, tal cual, el nuestro.

Mapa 1. La Europa entre el Sur y el Norte.

1. Entre Europa y el Sur global

La línea que divide el mundo en sentido económico entre Norte y Sur lleva el nombre de un gran estadista alemán, el socialdemócrata Willy Brandt. Legendario alcalde de Berlín Occidental, Premio Nobel de la Paz en 1971 y canciller de la Alemania federal (occidental), Brandt gozó y sigue gozando de alta estima como persona y como político, a pesar de su dimisión del gobierno en 1974 cuando se supo que un estrecho colaborador suyo era espía de la Alemania democrática (oriental). En 1976 Brandt fue elegido presidente de la Internacional Socialista, y ese mismo año fue llamado por Robert McNamara –antiguo secretario de Defensa estadounidense con Kennedy y Johnson y desde 1968 presidente del Banco Mundial– para formar una comisión independiente sobre cuestiones de desarrollo internacional, con el mandato de trazar la geografía de la pobreza mundial y la desigualdad entre países ricos y pobres. La comisión publicó en 1980 un informe y una propuesta, *North-South: A Programme for Survival (Norte-Sur: un programa para la supervivencia)*, más conocido como *Brandt Report (Informe Brandt)*.

La línea Brandt

En el mapa que acompaña el informe, la «línea Brandt» separa los países industrializados (Norte) de los países en desarrollo (Sur). Esta línea representa simbólicamente la división económica y el desequilibrio de poder entre países. Es un símbolo de la división en materia de oportunidades. El Norte corresponde al hemisferio septentrional, con Estados Unidos, Canadá, Europa Occiden-

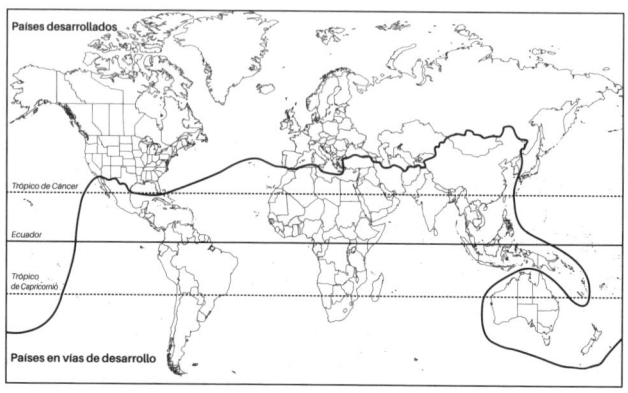

Mapa 2. El mundo dividido por la línea Brandt.

tal y Oriental, la Unión Soviética y Japón, y luego, en el hemisferio sur, Nueva Zelanda y Australia, en esencia gran parte del Pacífico. El Sur global comprende el resto del mundo: América Latina, África y Asia no soviética. El *Informe Brandt* iba más allá de las divisiones políticas e ideológicas.

Antes del *Informe Brandt* el mundo se dividía por lo común en tres categorías: el primer mundo, compuesto por los países capitalistas y las democracias liberales; el segundo mundo, representado por el bloque comunista de la Unión Soviética y sus Estados satélite europeos; y finalmente el tercer mundo, asociado a menudo con la pobreza.

En los años setenta, las economías de países como China e India solo eran capaces de la simple subsistencia, muchas regiones de África sufrían el azote del hambre, e incluso las naciones latinoamericanas, entre ellas Argentina, estaban en recesión y acumulaban deudas cada vez mayores con el Banco Mundial.

El Norte del mundo, bajo el control de las dos superpotencias, tenía las capacidades estructurales necesarias para seguir progresando. Pese a la existencia de diferencias políticas, eran sociedades industrializadas capaces de exportar productos acabados a los diversos mercados. El subdesarrollo del Sur global derivaba de la incapacidad para acceder al estadio de sociedades industriales.

En los años setenta se hizo patente que el boom económico de las décadas precedentes, entre 1945 y 1973, había llegado a su fin y había transformado principalmente el Norte del planeta. Era el momento de mirar al futuro.

Desde su mismo título el *Informe Brandt* proponía un programa de supervivencia. Había que pensar en términos supranacionales, activar mecanismos de redistribución y compensación entre las economías del mundo rico y las del mundo pobre. No era aceptable encarar el siglo XXI con enormes disparidades. El mundo era un único sistema humano, antes incluso que político o económico, y había que integrarlo superando las desigualdades.

Esto es lo que se pensaba en 1980, año que convencionalmente señalamos como el inicio de la reciente globalización económica. En poco tiempo, como se sabe, las inversiones en busca de mano de obra barata deslocalizaron la producción industrial y transformaron las capacidades manufactureras de diversos países asiáticos, especialmente China. Sin embargo, el control económico permaneció firmemente en las capitales financieras occidentales. Las cosas no evolucionaron de acuerdo con las expectativas del *Informe Brandt*.

En 2002 se hizo un primer balance poco tranquilizador: no se habían aplicado políticas de planificación familiar, lo que había provocado situaciones demográficas insostenibles en los países más pobres. El hambre afligía a mil millones de personas, y casi dos mil millones vivían en condiciones de extrema pobreza y escasez de agua. La ausencia de políticas educativas específicas no había hecho otra cosa que empeorar la situación de la mujer, contribuyendo a la discriminación de género. No existía ningún plan eficaz para hacer frente a la deuda en los países más pobres, ni tampoco un marco para gestionar los conflictos. Entre otros problemas se observaba además una disparidad entre el potencial tecnológico y el desarrollo digital.

Aparte del subdesarrollo, los países del Sur global tienen en común la experiencia de la colonización o de la explotación por parte de las potencias europeas, de las que se liberaron de diferentes maneras y en distintos momentos. La conferencia de Bandung de 1955, en la que participaron los países anteriormente colonizados, puso de manifiesto esta nueva realidad política mundial. Muchos Estados optaron por no alinearse con las dos superpotencias, como se confirmó en la primera cumbre de países no alineados celebrada en Belgrado en 1961. Este movimiento, aunque declinó en los años ochenta y tras el fin de la bipolaridad en 1989, sigue activo en la actualidad.

A más de cuarenta años vista, la línea Brandt sigue siendo un umbral simbólico y real que divide el mundo entre Norte y Sur, aunque estas definiciones son cada vez más complejas y variables. En lo que toca al Sur global, un concepto amplio y diverso, es evidente que la desigualdad económica y social persiste, pero también es obvio que muchos países de esta región han experimentado un importante crecimiento económico e industrial.

Países como China, India, Indonesia, Brasil y Turquía han experimentado transformaciones en sus industrias y se han convertido en actores clave de la economía mundial del siglo XXI. El Sur global aparece más bien como una alternativa, en sus diversas formas, al Norte global, en un mundo que de todos modos está ya unido y homologado por el capitalismo y por un mercado global ilimitado.

Hasta 2022 el Norte era algo reconocible, expresión del capitalismo histórico y de las antiguas potencias coloniales, de la Commonwealth británica y de Europa, incluida Rusia. Esta geografía se ve confirmada por los documentos de la Conferencia de las Naciones Unidas sobre Comercio y Desarrollo (UNCTAD), basados en una clasificación de los Estados que la Conferencia mantiene actualizada; pero también la confirman los continuos informes elaborados por el Fondo Monetario Internacional, así como los datos del Banco Mundial. Una geografía que, salvo pequeñas desviaciones, reproduce la línea Brandt.

El núcleo del Norte está constituido por los países del G7 (Estados Unidos, Japón, Alemania, Francia, Reino Unido, Italia y Canadá), más los otros Estados de la Unión Europea y los demás países europeos (Suiza, Noruega, Islandia, Ucrania, Bielorrusia, Moldavia), y después Israel, Corea del Sur, Australia, Nueva Zelanda y, hasta 2022, Rusia. Esta última formaba parte del G8 hasta la invasión de Ucrania y la guerra subsiguiente. Desde 2022 existe una clara división y hostilidad entre Occidente –centrado en el G7 y la Unión Europea– y Rusia. Occidente, que es el Norte por excelencia, es el fulcro histórico de la modernidad y del dominio europeo sobre el mundo, que sigue siendo referencia y autorreferencia en atención a los elevados estándares económicos y sociales, la vida política y el modelo de democracias liberales que comparten todos los Estados.

Se suele hablar de Occidente como una colectividad aparte frente a Rusia y el resto del mundo, el variado Sur global. Se habla de ese modo en Occidente, en un *crescendo* de medios de comunicación, estudios y análisis, pero también en el no-Occidente, según el esquema/fórmula del historiador Niall Ferguson: *The West and the Rest* (*Occidente y el resto*). Ello impregna la narrativa cotidiana, y de ahí surge una retórica pro o contra Occidente, dentro y fuera de Occidente.

Occidente y el Sur global

Occidente está constituido por países, algunos inmensos, y por océanos. Su geografía abarca casi todo el Pacífico: basta considerar la soberanía de Estados Unidos sobre archipiélagos lejanísimos como las Marshall, las Marianas y Guam, así como, obviamente, las alianzas militares con Japón, Taiwán y Filipinas y la cooperación militar con Indonesia y Singapur; a lo que hay que añadir las soberanías de Francia (Nueva Caledonia, Polinesia Francesa), Reino Unido (Pitcairn), Nueva Zelanda

(Islas Cook) y Australia en lugares remotos que salpican el océano. A Occidente le compete la mitad del Atlántico en su parte septentrional, entre Florida y las islas Canarias españolas (pero también, al sur, la Guayana Francesa, las Malvinas y otras islas menores británicas). El océano Índico, salvo algunas islas británicas, francesas y australianas, pertenece completamente al Sur global y es una zona problemática si se considera la piratería difusa que existe en puntos clave para el tráfico; pero también es el océano de la nueva ruta de la seda promovida por China y de la integración entre esta potencia y los países de África.

Occidente y el Sur global están por supuesto interconectados, se cruzan a diario y a todas horas en las terminales de carga de los puertos, entre las interminables filas de contenedores o entre las masas humanas de los grandes aeropuertos, en los *hubs* intercontinentales y en las principales capitales, ahora todas ellas cosmopolitas. Puertos, aeropuertos y metrópolis son los puntos de tránsito de la red de movilidad global. La red da una idea de omnipresencia, de un todo entrelazado. Además de los objetos/mercancías y de las personas está la información que, a través de una pluralidad de medios, pone en tiempo real en un mismo plano narrativo lugares remotísimos. La red global de conexiones es sin duda una realidad y está certificada por la web, su *alter ego*. Una realidad de nuestro tiempo, pero no toda la realidad.

Descendiendo al plano puramente territorial y marítimo, las cosas cambian. Aquí es donde se mide la soberanía de los Estados, desde las calles de las ciudades hasta las fronteras. En esta dimensión puramente territorial hay pocos lugares en los que el Norte y el Sur global se toquen de manera neta y directa a lo largo de la línea Brandt.

Las divisiones Norte-Sur no tiene sentido buscarlas en el espacio postsoviético, por ejemplo entre Rusia y Kazajistán. Así pues, al final, los lugares de contacto, ahora dramáticos por la intensidad de los flujos migratorios, son dos: la frontera entre Estados Unidos y México y el Mediterráneo.

Estos dos puntos representan los lugares de mayor tensión e interacción entre el Norte y el Sur global, con importantes consecuencias en el plano geopolítico, económico y humanitario.

Toda la centralidad del Mediterráneo en la relación continental entre Occidente y el Sur global queda recogida en el mapa del mundo desigual de la Conferencia de las Naciones Unidas sobre Comercio y Desarrollo (UNCTAD). Una vez más, en el Mediterráneo se refleja la dinámica histórica global.

Por el Mediterráneo pasan los límites meridionales y marítimos de la Unión Europea: España, Francia, Italia, Malta, Grecia y Chipre representan un amplio frente europeo que se despliega en la cuenca. Debido a su conformación geológica, el Mediterráneo presenta un contorno dentado en su parte septentrional, entre la península ibérica y Anatolia, mientras que es lineal a lo largo de las costas africanas y de Oriente Medio. Predomina, por tanto, la parte europea. Este hecho no carece de importancia.

Midiendo el litoral mediterráneo en kilómetros, vemos que la Unión Europea (incluido Chipre y añadiendo Montenegro y Albania) posee el 76,3 % del litoral, mientras que los países africanos (Marruecos, Argelia, Túnez, Libia, Egipto) solo poseen el 12,3 %, y Levante (Turquía, Siria, Líbano, Israel, Palestina/Gaza) el 11,4 % restante.

Las competencias jurídicas sobre el espacio marítimo favorecen a los países de la Unión Europea. En el mar, como sabemos, la frontera es el límite de las aguas territoriales; luego están las aguas internacionales, el mar libre, que es de todos. Esto es válido para la navegación. Pero las cosas están cambiando. En estos últimos años se están multiplicando las áreas de jurisdicción de los estados ribereños del Mediterráneo, desde la pesca hasta las Zonas Económicas Exclusivas (ZEE), con derechos de explotación de los fondos marinos, áreas que van mucho más allá de las aguas territoriales. Son las nuevas fronteras. Lo que se está produciendo es una parcelación del mar sin precedentes. Y esa explotación supone una nueva delimitación marítima entre los distintos Estados de la UE frente a Turquía, Oriente Medio y el Magreb. Aunque es algo difícil de calcular, dadas las variables que entrañan las situaciones jurídicas, no cabe duda de que el conjunto de las ZEE de los Estados europeos, en esencia la Unión Europea, predomina en la dimensión marítima. Se trata nada menos que del 80 % de la superficie total del mar.

La Unión Europea, entre primacía geográfica e indiferencia política

En esencia, en términos de espacio la Unión Europea tiene la primacía en el Mediterráneo; la UE parece, e incluso es, muy mediterránea. Sin embargo, no considera el Mediterráneo como un área de competencia propia. Para entender esta discrepancia, basta observar la estructura de competencias de las carteras de los comisarios europeos, es decir, la cúpula ejecutiva de la Unión. Los sectores cubiertos son numerosos (Europa digital, economía al servicio de las personas, relaciones internacionales y pacto verde europeo, relaciones exteriores, valores y transparencia, democracia y demografía, promoción del estilo de vida europeo, presupuesto y administración, empleo y derechos sociales, economía, agricultura, mercado interior, cohesión y reformas, salud y seguridad alimentaria, justicia, paridad, asuntos de interior, gestión de crisis, transportes, vecindad y ampliación, asociaciones internacionales, energía, medio ambiente, océanos y pesca, estabilidad financiera, servicios financieros y unión de los mercados de capitales, innovación, investigación, cultura, educación y juventud, acción por el clima), pero entre ellos no está el Mediterráneo, salvo como una de las áreas dentro de la vecindad*.

---

* En la actual Comisión Europea (diciembre de 2025) existe una Comisaria, Dubravka Šuica, para el Mediterráneo *[N. del T.]*.

El concepto de «vecindad europea», en inglés *European Neighbourhood Policy*, es una línea política establecida en 2004 para definir las relaciones de la Unión Europea con las regiones limítrofes más allá de los confines de la ampliación, entre las cuales están el Este europeo (Moldavia, Ucrania, Bielorrusia, Rusia y países del Cáucaso y de los Balcanes occidentales) y el Mediterráneo. Aunque no han faltado acciones y proyectos, ni tampoco mucha retórica de circunstancias, nos encontramos con guerras tanto en la vecindad oriental como en la vecindad meridional de Europa. Es decir, la política de vecindad europea, después de veinte años, evidencia todo su fracaso.

Está claro que no ha habido ni hay ninguna política mediterránea concreta, a pesar de que el viejo mar es en gran parte de la UE y de que a los países árabes y a Turquía les queda muy poco Mediterráneo. La UE se interesa a lo sumo por la pesca, el desarrollo energético y el impacto medioambiental, y en esto se atiene estrictamente a los costes. La Unión Europea es muy continental en su mentalidad y en sus ideas, y sus países mediterráneos no están haciendo nada para cambiar esa actitud.

Este es el primer problema con que se enfrenta hoy el Mediterráneo, a saber, el hecho de que el responsable de la mayor parte del mar no se interesa mínimamente por esa cuota ni sabe qué hacer con ella. De ahí deriva todo lo demás. En primer lugar está la neta partición político-económico-sociocultural entre el Mediterráneo de la

UE y el Mediterráneo no comunitario, y se trata –*grosso modo*– de una partición de ¾ frente a ¼ del mar.

El segundo problema tiene que ver con la asimetría estructural económica y demográfica que caracteriza a las dos orillas del Mediterráneo: mucha riqueza a un lado y mucha población al otro. Esta disparidad abre nuevos e inimaginables desafíos para el futuro de la región.

El tercer problema que afecta cada vez más al Mediterráneo es su retorno al centro de las disputas geopolíticas mundiales.

Algunas cifras

Según datos del Fondo Monetario Internacional para los años 2022-23, los países ribereños del Mediterráneo arrojan un producto interior bruto (PIB) total de aproximadamente 9,49 billones de dólares. La población de los Estados ribereños (según los datos demográficos de los distintos países para los años 2019-22) ascendía a 536 millones, una cifra sin precedentes en la historia. Los Estados europeos (Unión Europea más Montenegro y Albania) aportan el 73,4 % de todo el producto interior bruto, Turquía el 11,6 %, los países árabes el 9,4 % e Israel el 5,4 %. Así pues, el PIB en las orillas de la Unión Europea es casi ocho veces superior al de las economías de los países árabes en la orilla opuesta.

Las comparaciones, en detalle, son despiadadas: en términos de PIB, Grecia sale mejor parada que Argelia

(242 frente a 224 mil millones), pero con 10,4 millones de habitantes frente a 45,4 millones. Croacia, entre los países menos desarrollados de la UE, tiene un PIB (80 mil millones) superior al de Siria, Líbano y Libia juntos (72 mil millones), y cuenta con 3,6 millones de habitantes frente a 35,4 millones, diez veces menos. El PIB de Eslovenia, con 2,1 millones de habitantes, es de 68 mil millones, superior al de Túnez (51 mil millones), que tiene 11,7 millones de habitantes. Egipto impresiona con sus 110 millones de habitantes, más que España e Italia juntas (107 millones); sin embargo, el PIB de Israel (521 mil millones) es muy superior al de Egipto (398 mil millones), que tiene una población once veces mayor.

Los gigantes demográficos de las costas del Sur son Turquía, Egipto, Argelia y Marruecos, que juntos suman 279 millones de habitantes. Las costas europeas se caracterizan por tres grandes Estados, Francia, Italia y España, que suman 175 millones de habitantes, y por siete Estados menores o mínimos (Eslovenia, Croacia, Montenegro, Albania, Grecia, Chipre y Malta), con 21 millones de habitantes en total, menos que Siria. La población total de los países árabes es de 245 millones, la de Turquía de 85 millones, mientras que los países mediterráneos de la UE no pasan de los 193 millones. Resumiendo: los países musulmanes situados entre Turquía y Marruecos, es decir, el Sur mediterráneo, reúnen el 61,6 % de todos los habitantes que gravitan en torno al Mediterráneo, para una riqueza total del 21 %, mientras que los países europeos tienen el 36,6 % de los habitantes, con una riqueza del 73,4 %; Israel, con el 1,8 % de los habitantes, arroja el 5,4 % del PIB total.

El panorama demográfico se refleja en la configuración lingüística en la cuenca del Mediterráneo. Si se consideran las regiones costeras y la población allí presente, resulta obvio que el árabe es la lengua con mayor número de hablantes y de Estados (ocho); le siguen el italiano y el turco, con decenas de millones de hablantes, y a continuación, con más de 10 millones de hablantes, el francés, el catalán, el castellano y el griego; por último, en orden descendente, el hebreo, el albanés, el croata, el maltés y el esloveno.

En las costas meridionales y levantinas predominan las grandes áreas metropolitanas. Domina Alejandría, con más de 6 millones de habitantes, seguida de Argel (4,5), Esmirna (3), Trípoli (3), Túnez (2,6), Antalya (2,6), Gaza (2,3), Beirut (2,1), Orán (1,5), Bengasi (1,5), Mersin (1) y Sfax (1). En las costas europeas la primera es Barcelona, con 5,4 millones, seguida de Roma (4,3), Atenas (3,6), Nápoles (3), Valencia (2,5), Marsella (1,8), Palermo (1,2), Bari (1,2) y Catania (1). Tel Aviv, con 4 millones de habitantes, debe contarse aparte.

En resumen, el contraste es enorme, y –a igualdad de contigüidad geográfica, económica y demográfica– no se da en ninguna otra parte del mundo. La asimetría demográfica entre las dos orillas es el resultado de las últimas cinco o seis décadas. En el pasado, y durante siglos, fue la orilla europea la que prevaleció en términos de población, debido a evidentes factores medioambientales.

Incluso en 1939, los contextos árabes del Mediterráneo (mandato de Siria, Líbano, mandato de Palestina, Egipto, Libia italiana, Túnez francesa, Argelia francesa, Marruecos español, Marruecos francés) alcanzaban en conjunto 41 millones de habitantes, tantos como Italia ella sola, mientras que Turquía tenía unos 17 millones de habitantes. Al cabo de cincuenta años, en 1988, los países árabes sumaban 115 millones, Francia e Italia 111 entre ambas. En treinta y cinco años (1988-2023) Argelia pasó de 21 a 45 millones, Egipto de 48 a 110, Marruecos de 21 a 38, Turquía de 49 a 85 millones, mientras que Italia se mantuvo estable, pasando de 57 a 58 millones. Los países árabes han más que duplicado su población en treinta y cinco años (de 115 a 245 millones).

En el tablero global

El antiguo mar es ahora un tablero de ajedrez de intereses contrapuestos, atravesado por vectores comerciales y conductos informáticos cruciales para el sistema económico mundial. El Mediterráneo es un segmento de conjunción entre el Indopacífico y el Atlántico; ha vuelto a ser el centro del mundo, si no el eje mismo de la historia. En él convergen los intereses estratégicos de Estados Unidos, y de hecho el mar está controlado militarmente por el Pacto Atlántico, es decir, la OTAN, de la que Turquía es miembro. Pero en las últimas dos décadas, bajo el liderazgo de Recep Tayyip Erdogan, la propia Turquía promueve su propia estrategia a caballo entre los tres continentes, estrategia que fue descrita hace veinte años como neootomana. En esencia, Turquía está presente y políticamente activa en el antiguo espacio del Imperio otomano en el contexto de los Balcanes occidentales (Bosnia y Herzegovina, Albania, Kosovo, Serbia), entre los países turcomanos, a partir de Azerbaiyán y Turkmenistán, y en Siria y Libia. Desde mucho antes de 2022 Rusia tiene bases militares en Siria y cuerpos militares mercenarios en Libia y el Sahel. Los países del Golfo invierten fuertemente en los Balcanes occidentales. China considera el Mediterráneo como el tramo final de las rutas marítimas hacia la Unión Europea y tiene intereses directos en los Balcanes, empezando por el puerto de El Pireo.

Los Balcanes occidentales, es decir, los seis países que esperan a ser o no cooptados por la Unión Europea (Bosnia y Herzegovina, Serbia, Montenegro, Macedonia del Norte, Albania y Kosovo, aún no reconocido por varios Estados), se encuentran, precisamente por esta situación de indeterminación, entre diversas injerencias externas: por un lado, Estados Unidos y la Unión Europea, que pretenden ampliar la OTAN, y por otro, Rusia y China, Turquía y los países del Golfo, principalmente Qatar, que influyen en la vida civil de los distintos Estados. Los Balcanes occidentales constituyen un enclave dentro de la Unión Europea y representan un problema sin resolver. La población de Bosnia y Herzegovina, así como la de Albania y Kosovo, son mayoritariamente musulmanas, un hecho nada desdeñable pero que no se menciona en las cancillerías de Bruselas. Ante la falta de una estrategia balcánica por parte de la Unión Europea, los Balcanes occidentales han vuelto a ser de hecho lo que eran hasta 1912, es decir, Oriente Medio, los Estados herederos de la parte europea del Imperio otomano.

Oriente Medio, que incluye, en su acepción clásica, Egipto, los países de la península arábiga, Israel, Jordania, Líbano, Siria, Turquía, Irak e Irán, sigue siendo una zona compleja y problemática, distinta tanto de Asia como del Mediterráneo. Las tensiones entre las distintas partes son importantes, pero en los últimos años se ha observado un notable dinamismo político, con Estados clave como Turquía, Irán, Arabia Saudí, Egipto y Qatar que influyen en la región y proyectan su poder hacia África y los Balcanes occidentales. Oriente Medio está emergiendo como una región global crucial para los flujos marítimos, aéreos e informáticos.

El norte de África, en cambio, constituye una zona aparte en la que los países del Magreb dependen mucho de su relación con Europa y por tanto del Mediterráneo. Aunque a menudo se habla de Oriente Medio y el norte de África como una misma región, conocida como MENA (*Middle East and North Africa*), es importante subrayar las importantes diferencias que existen entre ambas zonas en términos de relevancia global.

En 2013, la revista italiana de geopolítica *Limes* propuso una división del mundo en «Caoslandia» y «Ordolandia», distinguiendo entre países inestables y estables. Caoslandia incluye zonas de crisis e inestabilidad política que se extienden desde América Central hasta África y Asia, y esta inestabilidad se refleja en el Mediterráneo, involucrando a países de la ribera africana, Oriente Medio y los Balcanes occidentales. En otras palabras, la Unión Europea, en tanto que Occidente, limita en el Mediterráneo con el mundo en riesgo de caos.

Hay algo de antiguo en el nuevo desorden internacional

Se pensaba que los límites de la Unión Europea con el antiguo espacio soviético permanecerían inalterados. Desde febrero de 2022, con la guerra de Ucrania, se desvaneció toda certidumbre al respecto. Del lado mediterráneo, la situación se ha agravado desde octubre de 2023 con el conflicto entre Israel y la organización palestina Hamás. Hay al menos otros tres contextos problemáticos: en Siria, la guerra civil que estalló en 2011 no ha terminado y representa un desastre humanitario; Libia se halla de hecho dividida en tres partes, Cirenaica, Tripolitania y Fezán, como en la época de las provincias otomanas, pero con fuertes injerencias de Turquía, Rusia y Egipto; y en Líbano se perfila una nueva crisis política y civil entre las poblaciones cristianomaronita, drusa y chiita (Hezbolá). El lejano Irán, lejano en relación con el Mediterráneo, está bien presente, con Hezbolá y Hamás, en el punto más delicado de la región.

Lo que queda alrededor de la Unión Europea, al este y al sur, se caracteriza por situaciones cada vez más difíciles. Desde 2011 han proliferado las crisis, y las perspectivas optimistas de la década de 2000 se han ido al traste.

Además de los países ribereños hay regiones enteras que gravitan sobre el Mediterráneo: el Sáhara, el Sahel y la zona del Golfo. El Mediterráneo ampliado, término utilizado en Italia primero en el ámbito militar y recientemente también en el político, se ha puesto de actualidad y corresponde a toda la vasta zona global que encuentra una referencia en el viejo mar.

Por un lado tenemos a los países del Golfo –Arabia Saudí, Emiratos Árabes Unidos, Qatar–, cada uno persiguiendo a su manera una política de influencia entre Oriente Medio y el Mediterráneo. Por otro están los países del Sahel –Mali, Burkina Faso, Níger, Chad, Sudán, Sudán del Sur–, asolados por guerras civiles, golpes de Estado y la imposibilidad de construir una sociedad políticamente estable y una vida civil. El producto interior bruto de todos estos países juntos es inferior al de una región desarrollada de Italia.

En cuanto al Sahel, es un territorio que se ha caracterizado siempre por la complejidad étnica y lingüística, frente a la cual se evidencia el fracaso de la creación de naciones según el modelo francés. Son contextos que luchan por encontrar su propio camino en la era poscolonial. Hoy día, el Sahel está más cerca del Mediterráneo que nunca en la historia, con todos los problemas que ello conlleva.

El Sur global que se asoma hoy al Mediterráneo no es el de 1990, ni siquiera el de 2000. Lo paradójico es que, como queda dicho, el Mediterráneo es desde 2004 un mar que pertenece en gran medida a la Unión Europea. Desde 2004, tras la época colonial, que se cerró en 1962, es de nuevo Europa la que prevalece claramente en el espacio marítimo y costero. El Mediterráneo, hay que repetirlo, es muy europeo. Pero esto, precisamente en el ámbito europeo, no se percibe o no se quiere percibir.

Ocurre que en el imaginario colectivo, sobre todo en Italia, que es el país del centro del mar, el Mediterráneo recuerda a algo que es Oriente Medio. Es como si el Mediterráneo fuera algo oriental, algo situado más allá y que no es Europa. Parece como si se quisiera delegar en otro lugar la dimensión mediterránea cuyo epicentro se halla precisamente en las regiones del sur de Italia, o como si se confundiera el Mediterráneo con algo exótico y necesariamente diferente de Italia. Son aspectos que nos revelan ya la dificultad con la que se percibe y se vive el Mediterráneo en un país mediterráneo (pero también europeo) como Italia. Surge así la pregunta: pero Italia, y la Unión Europea, ¿han entendido lo que es realmente el Mediterráneo?

En la orilla opuesta, Turquía, Oriente Medio y el África septentrional son mediterráneos solo en sus costas, casi turísticas, por medio ambiente, historia y tradición. Las propias competencias marítimas están circunscritas, precisamente porque se ven frenadas por el desarrollo histórico de los países mediterráneos europeos. Turquía se lamenta de tener poco mar, de estar comprimida por las islas griegas –piénsese en Samos o Kastelórizo–, en virtud de las resoluciones del Tratado de Lausana de hace cien años (1923). La dimensión insular del Mediterráneo –la insularidad es una especie de ADN del Mediterráneo– es toda europea: las Baleares, Córcega, Cerdeña, Sicilia, los archipiélagos italianos, el archipiélago dálmata, Creta, Rodas, las Cícladas, las Espóradas, Chipre, Malta, Pantelaria y Lampedusa. Los islotes a lo largo de las costas africanas y levantinas son pocos (no más de una docena, incluidos los peñascos y rocas), y solo destacan por su tamaño las islas Querquenes y Yerba, en Túnez.

En resumen, la geografía política favorece a Europa, pero ni en los países europeos mediterráneos ni en Europa en general se encuentra un reconocimiento de este hecho. Está claro que esta laguna se está convirtiendo en un problema político, porque el Mediterráneo es enormemente asimétrico, con la geografía y la economía de una parte y la demografía de otra, que además es una parte pequeña. Se necesita una cultura adecuada para poder encarar la realidad política del Mediterráneo, que casi nunca ha sido algo unitario y que hoy es además frontera entre geografías mucho más grandes. Para comprender el sustrato de esta situación que medimos a través de datos y cifras alarmantes debemos considerar el pasado del viejo mar, sus connotaciones históricas, que, aunque tapadas por el olvido o imperceptibles, pesan sobre nuestro imaginario. El Mediterráneo que vemos y vivimos no es más que el nuevo rostro de una historia antigua.

2. Los dos Mediterráneos

Jerusalén no es ciudad costera, pero resume las combinaciones de todos los encuentros y desencuentros, las convergencias y divisiones que a su manera expresa el Mediterráneo. Por su naturaleza y estructura, el Mediterráneo, un mar irregular y recortado, no puede ser sino diverso y múltiple. Si por un lado persiste el tópico del mar unificado en el plano político, es decir, el Mediterráneo romano, por otro lado están la multiplicidad y las diversas dicotomías que caracterizan la historia de este mar.

El sentido del Mediterráneo es ese ser *también* otra cosa.

La actual partición Norte/Sur, o Sur/Norte, tiene toda una serie de precedentes. La primera diversidad en el Mediterráneo fue la existente entre Oriente y Occidente. Fueron la Grecia clásica, Atenas en particular, y concretamente Heródoto y Tucídides –los fundadores de la geografía y la historiografía en el mundo occidental– quienes elaboraron el esquema Occidente/Oriente en la forma de una dialéctica del encuentro y el desencuentro entre civilizaciones. Lo que hoy es la dicotomía Norte/Sur fue originalmente la dicotomía Occidente/Oriente.

Oriente/Occidente

«... y nuestras naves capotaban, y ya no se podía ver el mar bajo un amasijo de cadáveres y de restos de naufragio; las costas y las rocas estaban llenas de cadáveres, y todas las naves de la flota de los bárbaros remaban en desordenada fuga...» ¿A qué nos recuerdan estos versos? ¿A nuestro actual Mediterráneo, dividido entre Norte y Sur?

En realidad es Esquilo, el gran trágico ateniense, quien ocho años después de la batalla hace que el mensajero relate así a la reina Atosa la derrota de los persas en Salamina. Se trata ya de la medida de dos mundos. Uno marítimo e insular, representado por Atenas, y otro continental, el Imperio persa. Como se sabe, las distintas civilizaciones que se definen como europeas y occidentales señalaron a Atenas, cuna de la democracia, como su arquetipo, y al Imperio persa exactamente como lo opuesto: el despotismo oriental. Esta primera fractura mediterránea fue recompuesta por Alejandro Magno, es decir, por el helenismo.

El modelo helenístico hizo posible la romanidad imperial, la evolución de la romanidad republicana, que fue el marco cultural del Mediterráneo unificado. Y fue en ese marco y gracias a la dimensión marítima como la experiencia del cristianismo, al principio minoritaria y situada en los márgenes, en una periferia oriental, pudo llegar a la metrópoli, a Roma, centro del sistema, y afirmarse como es conocido. Así, pues, en ciertos aspectos Oriente reapareció, bajo la forma del cristianismo, y se impuso en el Mediterráneo romano.

La parte occidental del Imperio romano se disgregó en el siglo v bajo el impacto de las invasiones bárbaras, es decir, las migraciones de comunidades enteras que repetidamente se intentó gestionar sin éxito. La parte oriental del imperio resistió a la presión migratoria y fue capaz de adaptarse a la situación resultante. Pero en el siglo VII ocurrió la inesperada y (a la sazón) impensable expansión árabe que arrasó las provincias bizantinas de Egipto y Siria y sometió a Persia. Alrededor del año 650, ni siquiera dos décadas después de la muerte del profeta Mahoma, la situación en el Mediterráneo había cambiado.

Islam/cristiandad

Desde entonces hablamos de dos Mediterráneos. El musulmán, hacia 750, se extendía desde España, por las costas africanas, hasta Siria. El cristiano comprendía el Imperio bizantino, entre Anatolia y los Balcanes, Italia y las costas provenzales y occitanas. Esta duplicidad, en la que cada parte tiene que contar con el *otro*, diferente en el plano religioso y por tanto cultural (en tiempos, es decir, siglos, en que religión y cultura eran la misma cosa) más allá del horizonte marino, hace del Mediterráneo lo que es: un mar de encuentros y confrontaciones. Una dinámica constante, con un Norte y un Sur. Al norte, la cristiandad, el nombre con el que durante siglos se conoció a Europa; al sur, el mundo musulmán.

La historia de las relaciones entre las partes puede resumirse en seis fases, hasta el día de hoy: 1. La época de la preeminencia política árabe (640-1000); 2. La época de la preeminencia marítima cristiana latina (1000-1500); 3. La época del equilibrio entre la parte europea católica y la otomana (1500-1800); 4. La época del dominio cultural y colonial europeo (1798-1962); 5. La época del equilibrio poscolonial (1962-2001); 6. La época del enfrentamiento entre Europa (Norte) y el Sur global a lo largo de la frontera mediterránea (siglo XXI). Nuestro presente conserva los rasgos de las distintas fases.

La afirmación y expansión de la civilización árabe en el Mediterráneo abarca tres siglos, del año 640 al 1000. Damasco y Bagdad fueron los centros de un desarrollo cultural sin parangón en el ámbito cristiano, mientras que la España musulmana se erigió en la cúspide de dicha civilización. Bizancio fue capaz de resistir y reestructurarse en el plano defensivo, mientras que la Europa latina quedó confinada a las costas francesas, Liguria y la Italia central. Italia era tierra fronteriza entre árabes (Sicilia) y bizantinos (Calabria, Apulia). El Sacro Imperio Romano, fundado por Carlomagno en el año 800, no tenía grandes puertos ni fuerza naval: esta primera Europa nace continental y se limita a las regiones costeras comprendidas entre el condado de Barcelona e Istria.

Con el año 1000, el panorama cambia. En el espacio de pocas décadas se imponen las ciudades marítimas italianas, no solo Amalfi sino también Pisa, Génova y Venecia, y tienen lugar la conquista normanda de la Sicilia árabe y la Apulia bizantina, la primera cruzada y la toma de Jerusalén (1096-1099). Se abre así un largo periodo en el que dominan las flotas y las empresas comerciales de las ciudades italianas.

Son tiempos, sobre todo el siglo XIII, en los que a través de los intercambios comerciales se producen también intercambios culturales entre árabes y europeos. La idea del emporio multicultural y multilingüe se remonta a esa época. Por lo demás, los puertos árabes se tornaron hospitalarios con los europeos.

A partir del año 1000 se difunde la lengua franca de la navegación y el comercio, un idioma en sus dos tercios de matriz italiana (veneciano y genovés), con el léxico tomado a préstamo de otras lenguas mediterráneas (griego y árabe sobre todo). La lengua franca, también llamada sabir, fue algo común y familiar en el mundo marítimo hasta el siglo XIX.

El papel de las llamadas repúblicas marítimas fue en general el de mediación entre cristiandad e islam, entre Oriente y Europa, entre el Sur y el Norte.

En el transcurso del siglo XIV, los descendientes y secuaces de Osman y Orhan se imponen en Anatolia y los Balcanes, última expresión de las poblaciones turcas en esa zona. En el siglo XV, el Estado otomano era ya una entidad política fuerte, capaz de expulsar a los venecianos de Salónica, Eubea (Negroponte) y Albania y de tomar Otranto.

Costas turcas/costas católicas

Se llega así a una tercera versión del dúplice Mediterráneo cristiano y musulmán: los Estados católicos por un lado y el Imperio otomano por otro. Las batallas navales de Préveza en 1538, en la que vencieron los otomanos, y de Lepanto en 1571, en la que se impuso la Liga Santa, así como la resistencia de Malta (con la Orden Hospitalaria) al duro asedio turco de 1565, fueron etapas en la definición de los respectivos espacios mediterráneos. La caída del Chipre veneciano en 1573 entregó todo Levante al Imperio otomano.

En 1573 se alcanzó el equilibrio entre los dos mundos, una geografía del compromiso. Por un lado, el Estado otomano (Devlet-i-Osmaniye) extendía su soberanía sobre un vasto territorio que incluía los Balcanes, Anatolia, Siria, Egipto, Cirenaica (Barca), Trípoli, Túnez, Argel y Orán. El espacio marítimo bajo control musulmán había alcanzado una extensión inédita desde al menos antes del año 1000. Por otra parte, el Mediterráneo católico estaba dividido en siete Estados distintos: España (con Castilla y Aragón) y sus reinos de Cerdeña, Sicilia, Nápoles y el Estado de los Presidios; Francia; la república de Génova; el ducado de Saboya, con Niza bajo su jurisdicción; el gran ducado de Toscana; los Estados Pontificios; la república de Venecia; y, por último, Malta, con sus caballeros, considerada un baluarte militar de la cristiandad.

Venecia se encontraba en la encrucijada entre el norte y el sur del Mediterráneo. La Serenísima supo convivir con los otomanos y en ocasiones combatirlos en largos conflictos. La familiaridad con el turco (signo de fuerza política frente a quienes, siendo europeos, lo temían) era ostentada. El inmenso lienzo de Giovanni y Gentile Bellini llamado *Predicación de san Marcos en Alejandría*, de 1504-1507, resume, casi apoteósicamente, el imaginario veneciano de Oriente.

Aquí san Marcos predica a una multitud heterogénea de turcos otomanos, mujeres árabes veladas y miembros del patriciado veneciano, con el telón de fondo de una especie de ciudad ideal de Levante, con minaretes, obeliscos y dromedarios, delante de una imponente mezquita y/o basílica, una simbiosis entre el San Marcos de Venecia y la Santa Sofía de Constantinopla.

Puede decirse que Venecia perseguía la paz como estrategia, porque de ese modo podía conservar su propio Mediterráneo. Para la Serenísima el conflicto fue siempre una opción táctica extrema, pensando ya en la

Giovanni y Gentile Bellini, *Predicación de san Marcos en Alejandría* (1504-1507, Pinacoteca de Brera, Milán).

subsiguiente tregua y en una nueva convivencia con el turco.

La estrategia del Imperio otomano fue la de una constante tensión bélica en las fronteras. Cabe decir que su estrategia era la guerra, mientras que la diplomacia, caso de ser necesaria, era una opción táctica; es decir, lo contrario de Venecia. Los otomanos siguieron presionando contra Persia, y las largas guerras austroturcas en Europa son bien conocidas. En el Mediterráneo, los otomanos apoyaban las constantes incursiones de los berberiscos –es decir, los piratas de Berbería (Trípoli, Túnez, Argel)– contra las costas napolitanas, sicilianas, sardas y baleares. El comercio de hombres, mujeres y niños secuestrados en las costas cristianas se convirtió en la principal connotación del esclavismo mediterráneo. La frontera entre el norte y el sur del Mediterráneo moderno era entonces un espacio de angustia.

No es paradójico que mientras a lo largo de las fronteras terrestres y marítimas cundía el terror, en el interior del Imperio otomano y en sus diversas y complejas provincias existía la *pax ottomana*, caracterizada por la tolerancia y la convivencia entre las diferentes poblaciones sometidas. Los judíos sefardíes, expulsados de la España católica, encontraron refugio en las ciudades del norte de África, Levante y los Balcanes. No había ciudad importante que no albergara varias comunidades, divididas en barrios, las *mahale*, con arreglo a criterios étnicos y religiosos. Así fue desde Salónica a Beirut, pasando por Alejandría; la propia Estambul no tenía una población mayoritariamente musulmana frente a los ortodoxos (griegos y eslavos), armenios, judíos y diversos extranjeros cristianos.

En el siglo XVI el Imperio otomano fue una formidable potencia. La perspectiva otomana, la de Oriente, o si se quiere la del Sur, dividía el mundo entre la casa del islam –el sultanato y el califato otomanos, así como las tierras habitadas por musulmanes– y la casa de la guerra, es decir, los países cristianos, entre los que se encontraban la llamada casa del pacto, los Estados vasallos, que podían ser cristianos (Ragusa, Moldavia, Valaquia), y en ocasiones los Estados con los que se había alcanzado la paz, como Venecia. El imperio era grande, repartido entre tres continentes, con una pluralidad de culturas. En Topkapi, en el palacio del sultán, se rezaba en árabe, se discutía en turco, se leía poesía persa y se llegaba a acuerdos en las numerosas lenguas de los funcionarios, los jenízaros y el servicio. Era una civilización en la que convergían todas las anteriores civilizaciones de Oriente.

Mirando al Mediterráneo, hay ciertamente una enorme y evidente diferencia entre este mundo y la Italia del Renacimiento, del manierismo y del barroco. Entre España, Francia, Italia y la Dalmacia veneciana del siglo XVII se percibe una homogeneización bajo la clave de la reforma católica: un único espíritu, una misma cultura y ritualidad civil, el barroco en todas partes. Sin embargo, los dos Mediterráneos, claramente separados, se conocían. Las representaciones de figuras con turbante en las pinturas venecianas eran prueba de la capacidad veneciana para gestionar las separaciones, las diversidades, para conocer al otro, para tener un embajador siempre presente en la Sublime Puerta, en esencia para dominar el dúplice Mediterráneo. Hasta su caída en 1797, Venecia fue un mediador entre el norte y el sur del Mediterráneo.

En el siglo XVIII, con los otomanos ocupados en la defensa contra austriacos y rusos en los Balcanes y el mar Negro, el turco, en tanto que «el otro» por excelencia, ya no infundía miedo. Las modas turcas se extendieron por una Europa ahora entregada a la búsqueda de novedades exóticas. Solo entonces se vio el Imperio otomano, no como un «gran otro» amenazador, sino más bien como aquello que se estaba revelando a la luz de los criterios europeos. La realidad es que Estambul no adoptó la imprenta hasta 1725 y que la revolución científica europea imponía la física y la química sobre la antigua alquimia, de origen árabe, e imponía una nueva forma secular de ver el mundo. El dominio de los comercios marítimos pasó a manos de franceses e ingleses. En 1770 hubo una espectacular expedición rusa: Rusia envió toda una flota contra los turcos en el Peloponeso. Poco después, en 1798, Napoleón conquistó Egipto y Tierra Santa. Y en 1804-1806, una flota estadounidense bombardeaba repetidamente Trípoli.

El Mediterráneo seguía siendo dúplice, pero el equilibrio entre las partes, entre el Sur musulmán y el Norte cristiano católico, se había roto. Europa estaba a punto de dominar Oriente.

3. El Oriente domado

En una de las salas del Louvre dedicadas al neoclasicismo se puede contemplar el gran lienzo de Antoine-Jean Gros titulado *Visita de Napoleón a los apestados en Jaffa*. Conquistada la ciudad en marzo de 1799, los soldados franceses contrajeron la peste bubónica. El cuadro fue encargado por el propio Bonaparte en 1804, por lo que existen dudas sobre la veracidad del episodio representado: en el centro de la escena, Napoleón se vuelve hacia un soldado francés y le toca uno de los bubones ante el estupor de los oficiales que le acompañan. Una luz le ilumina; alrededor, en la penumbra, los cuerpos de los apestados. Más allá de las miradas dolientes, más allá del atrio y de los arcos moriscos, se ve un minarete, el puerto de Jaffa y la ciudadela, coronada por una torre en la que ondea la bandera tricolor de Francia. Francia ha llegado a Oriente.

Antoine-Jean Gros, *Visita de Napoleón a los apestados en Jaffa* (1804, París, Museo del Louvre).

Napoleón domina la situación. Oriente también es esto: enfermedad, decadencia, resignación. Al fondo, en la escena, se ve a un médico árabe. Se sabía que la medicina, como la alquimia, había nacido en Oriente mil años atrás. Ahora, sin embargo, reina otro espíritu. La confianza de Napoleón proviene de su civilización y de su época: ilustración, secularismo, fe en la ciencia, todo lo que encarna la Francia de la revolución. Una Francia victoriosa en Oriente, incluso sobre la enfermedad. No es una victoria de cruzada, no es un triunfo cristiano, y no hay sumisión humillante. El milagro de Napoleón tiene lugar bajo la tricolor francesa dominando la ciudadela: libertad, fraternidad, igualdad. El gran lienzo de Gros marca toda la distancia entre la Europa de la modernidad naciente y Oriente, detenido en su tiempo.

El meridión de Europa

Se dice, un poco por convención, que con la expedición de Napoleón a Egipto comienza una nueva época para el Mediterráneo. El cambio no fue desde luego inmediato, entre otras cosas porque la historia napoleónica había tenido lugar en Europa. Quién sabe (gusta hipotetizar) qué habría ocurrido si en lugar de la expedición a Rusia, en aquel fatídico 1812, Bonaparte hubiera puesto la mira en Turquía. El Mediterráneo habría sin duda cambiado. Pero de este modo el Oriente otomano duró largo tiempo, hasta el punto de llegar al siglo xx. A lo largo de todo un siglo, el XIX, se produjo la transición imperceptible pero constante desde el ya multisecular estado de equilibrio entre los partidos políticos y las civilizaciones de Europa y del Oriente otomano a esa dialéctica formulada por Hegel, en los mismos años que Napoleón, de la relación entre dominio y servidumbre (*Herrschaft und Knechtschaft*), entre dominador y dominado, en un conocido pasaje de su *Fenomenología del Espíritu* (1807), retomado en el pensamiento de muchos otros, de Marx a Lacan. Dominador/dominado: una relación necesaria para llegar a la autoconciencia en cada una de las dos partes enfrentadas, ya sean individuos, clases sociales, países, civilizaciones o geografías. Napoleón, lúcido en su modernidad, toma conciencia de Oriente y de sí mismo. Y Oriente empieza a considerar a Occidente como aquello que se estaba revelando. El siglo XIX, el siglo que expresa la modernidad, vio el afianzamiento de Europa en el Mediterráneo, un afianzamiento político, económico y cultural a costa de Oriente. De Napoleón a nuestros días, la dinámica entre el que domina y el que es dominado ha marcado la historia de los dos Mediterráneos.

Europa deviene Europa en el siglo XVIII, deviene aquello que entendemos por ese nombre cuando vemos un mapa, es decir, un continente, o sea, un dato geográfico, por tanto científico, cosa que se lo debemos a los ilustrados, a la Enciclopedia. Por supuesto, Europa existía ya antes, la Europa de los cartógrafos y eruditos, pero en el discurso común se hablaba de cristiandad, en el sentido de una comunidad de pueblos y países cristianos. Así fue hasta la segunda mitad del siglo XVIII, cuando en todas las partes del continente, incluida Rusia, se tomó plena conciencia de que se trataba de Europa. El famoso Casanova viaja de capital en capital y habla de Europa como si fuera un país. Europa es un término secular, laico, y es la expresión de la modernidad europea.

Por lo tanto, en el Mediterráneo tenemos, justamente en las décadas napoleónicas y durante la Restauración, una toma de conciencia de la parte europea. La propia política tiene que actualizarse, porque hay insurrecciones que apremian, empezando por la de una ciudad mediterránea como Palermo en 1820. De Inglaterra llegan las novedades del desarrollo naval, de la marina, del comercio. Las grandes ciudades marítimas se transforman, surge la burguesía, que mira hacia el norte, hacia Londres. Italia, destino del *grand tour* de las élites inglesas, alemanas y francesas durante décadas, se identifica con la idea de lo antiguo aún vivo en el presente. Arqueología, arte clásico, ruinas, museos, colecciones, el paisaje y el cielo se combinan en una nueva percepción de lo que se revela como el Sur europeo. A partir de Italia, el Mediterráneo se convierte gradualmente en el Meridión de Europa.

Europa se europeíza, en el sentido de que en el espacio de medio siglo, de 1820 a 1870, se configura como un sistema interconectado por medio del ferrocarril y el correo; cambian las ciudades, las novedades transforman las administraciones y la vida social. La geografía europea, la descripción de los Estados, de los imperios y de los pueblos pasa a formar parte del saber elemental de la vida civil. En 1870 Europa entra preparada, y bien reconocible desde fuera, en su edad de oro, en su glorioso apogeo, y se impone en el globo con la política, la economía y la cultura. Europa es la modernidad misma, domina lo nuevo y lo impone a todos en el mundo. Y esto, por supuesto, se refleja en el Mediterráneo.

Las diferencias de civilización del Antiguo Régimen, que podrían ser diferencias de estilo (europeo/otomano), se convierten en otra cosa cuando se razona en términos de progreso, que pasa a ser un valor universal. El Mediterráneo fue durante milenios un mundo en el que lo más importante era persistir, adaptándose a las coyunturas. Resistir, más que progresar, era la norma. La idea de progreso, de ir de menos a más, a mejor, se difunde ahora también por el antiguo mar. Empezando por los emporios marítimos: Marsella, Barcelona, Génova y Trieste. A las novedades se suman todas las burguesías.

La otra orilla, el Oriente otomano que deviene Sur, aparece ahora, a ojos de los europeos, atrasada, inmutable en su propio tiempo. Trípoli, Túnez y Argel siguen teniendo mercados de esclavos; en Génova, Trieste y Marsella hay barcos de vapor. De un lado, el dinamismo, bajo la bandera del progreso, del secularismo, del liberalismo, de la identidad nacional, del romanticismo, del positivismo; de otro, el estatismo del mundo otomano y de las sociedades islámicas en general. Durante milenios se puede decir que el Mediterráneo tuvo su propio tiempo histórico; en el siglo XIX entran en el Mediterráneo el tiempo histórico europeo y la percepción del tiempo y de la historia a la manera europea.

Europa se impone en el «otro» Mediterráneo a través de un proceso que abarca todo el siglo XIX y concluye tras la Primera Guerra Mundial. Un proceso cultural y político para el cual el mundo otomano, Oriente, se convierte en objeto de interés y, finalmente, en objetivo de expansión.

Se hablaba de decadencia del Imperio otomano. Decadencia en cuanto incapacidad para transformarse respecto a Europa, y ello a pesar de repetidas tentativas. La Restauración europea se centró en la conservación del poder entre los estamentos nobiliarios, pero sin suprimir las innovaciones napoleónicas en el ámbito civil y administrativo. Los otomanos tomaron nota de ello e intentaron llevar a cabo una modernización del Estado al estilo occidental a través de las llamadas *Tanzimat* (regulaciones), una serie de reformas normativas introducidas entre 1839 y 1878. La realidad imperial era sin embargo algo diferente, debido a la intrínseca complejidad de las sociedades que comprendía.

A partir de la extensión europea de Turquía, es decir, los Balcanes, se estaban afirmando los Estados nación, en línea con lo que ocurría en Europa. Así, la diferencia entre cristianos y musulmanes, aparte de religiosa, pasó a ser también nacional y, evidentemente, cultural. Se había abierto una zanja profunda entre dos categorías: por un lado, los cristianos, que ahora se sentían y proclamaban europeos; por otro, los otomanos y, en general, los musulmanes, que no podían ser europeos. Dos posiciones cada vez más distantes, difíciles de conciliar, entre otras cosas porque los musulmanes del imperio podían presentar pertenencias regionales y lingüísticas pero no identitarias en el sentido nacional, por el simple hecho de que todos pertenecían a la *umma*, el mundo del islam. Todos eran iguales en la fe. Y la fe los distinguía de los otros, los otomanos no musulmanes. En esencia, se trataba de dos concepciones diferentes de la sociedad.

Sin embargo, el Estado otomano reconocía los *millets*, que eran comunidades confesionales y después nacionales. El *millet* de los ortodoxos alcanzó una mayor articulación, con subdivisiones entre griegos, serbios y por último búlgaros; aparte estaban después los judíos y los armenios. Los musulmanes siguieron siendo una única y gran comunidad diseminada desde las provincias balcánicas hasta las de Mesopotamia, Siria, Egipto e incluso Argelia. La crisis interna en el imperio comenzó a finales del siglo XVIII con una especie de guerra civil entre los jenízaros, ávidos de hacerse con el poder local en muchas provincias, y el poder central representado por el gobernador enviado desde la capital.

Los abusos y la anarquía entre los poderes condujeron a la insurrección serbia de 1804, que bien pronto –eran los años de Napoleón– adquirió el carácter de una lucha nacional de emancipación del dominio turco. En 1805 llegó al poder en Egipto Mehmet Alí (Muḥammad Alí), que se convirtió en *wali* (gobernador) e inició la anda-

dura de la principal provincia africana hacia la autono-
mía. En 1821 estalló la insurrección griega, que según lo
planeado debía haber sido un golpe de Estado en la misma Estambul que llevara a los griegos a tomar en sus manos el imperio. El golpe acabó en una larga y sangrienta
guerra en el Peloponeso, el Ática y el Egeo, con matanzas
de civiles en ambos bandos y masacres sin precedentes
por su atrocidad. Solo la intervención de las potencias
–Rusia, Gran Bretaña y Francia– en 1827 y luego la de-
cisión de los rusos de marchar con el ejército sobre Estambul en 1828 pusieron fin al conflicto. El reconocimiento en 1829 de Grecia como Estado independiente y
soberano y de Serbia como Estado vasallo de los otomanos supuso un punto de inflexión en la historia de los
Balcanes y el Mediterráneo.

1830 fue un año aún más significativo. Tras una de las
recurrentes tensiones con el *bey* de Argel, Francia había
sitiado la ciudad en 1827, asedio que duró tres años. En
junio de 1830, debido a un incidente, se esfumó toda
posibilidad de solución diplomática y los franceses deci-
dieron bombardear Argel. Siguió luego el desembarco
de tropas y la conquista de la ciudad. Después de tres siglos, uno de los lugares cruciales de la piratería berberis-
ca quedó sometido en cuestión de semanas. A pesar de
no tener una visión clara de qué hacer con la costa ma-
grebí, Francia decidió imponer su protectorado en Argel, Orán y Constantina. Hubo una reacción de la población local, y el conflicto latente se prolongó hasta
1848. Así, pues, desde una perspectiva histórica la toma

de Argel en 1830 inauguró la era colonial en el Mediterráneo. En las ciudades conquistadas se produjo, como nunca antes, una intensa inmigración de franceses y otros europeos, de modo que en quince años había más de cien mil nuevos habitantes. La franja costera se estaba europeizando; la introducción de la vid, el olivo y otros cultivos transformó el paisaje, ahora parecido al de las costas italianas. Al cabo de unas décadas, Argelia, ya no costa de los berberiscos, se convirtió en una fuente de recursos para Francia.

El Norte entra en el Sur

Una política plenamente colonial llegó con el Segundo Imperio francés bajo Napoleón III. Desde los litorales magrebíes el dominio se extendió a los territorios circundantes, al Atlas y después al desierto. Hicieron falta varias décadas, hasta 1920-30, para definir Argelia tal y como la conocemos; una Argelia que acabó siendo considerada por París como territorio metropolitano, como un apéndice de Francia. Napoleón III inició una verdadera política mediterránea, empezando por la reivindicación del protectorado sobre los cristianos del Imperio otomano. En 1860-61 tuvo lugar la expedición militar francesa a Siria para proteger a los cristianos maronitas, tras las masacres sufridas por estos durante la guerra civil con los musulmanes y drusos en el Monte Líbano y Damasco. A partir de entonces prosperó en Beirut una comunidad francesa, y los maronitas se convirtieron en factor fundamental para la política de París. En 1881 Francia ocupó Túnez, otro protectorado otomano al que Italia había aspirado en vano. En 1912 le llegó el turno al Marruecos central.

La Tercera República francesa (1871-1940) consiguió un inmenso dominio en el continente africano: al departamento de Argelia y los protectorados de Túnez y Marruecos se le añade la adquisición del África Occidental Francesa, que data de 1895, y la del África Ecuatorial Francesa, de 1910, lugares de los que Francia extrajo recursos, mano de obra y tropas en los dos conflictos mundiales. El imperio colonial francés se había desarrollado en sentido longitudinal: Francia veía en su vasto bloque africano una prolongación del territorio metropolitano, una inmensa provincia más allá del Midi y del Mediterráneo, que hacía de puente.

Gran Bretaña se había centrado en cambio en el dominio de los océanos y, en el caso del Mediterráneo, en el control de puntos estratégicos para la navegación. De ahí la importancia de Gibraltar (desde 1713), Malta (desde 1801), las islas Jónicas (de 1814 a 1862), Chipre (desde 1878) y, por último, Egipto, sometido desde 1882 bajo diversas fórmulas y convertido finalmente en protectorado. La apertura del canal de Suez en 1869 había cambiado la historia del Mediterráneo, así como la del Imperio británico. De ahí la importancia de Oriente Medio, una zona del globo que había sido marginal durante varios siglos y que en cambio adquirió capital importancia en el siglo XX. El mar, las posesiones y los protectorados sirvieron para que Gran Bretaña asegurara la ruta marítima imperial hacia la India y Australia.

La última de las potencias en llegar, Italia, tras perder su oportunidad en Túnez, invadió Trípoli en 1911, sentando las bases de la Libia colonial, y en 1912 arrebató al Imperio otomano las islas del Dodecaneso.

En ese mismo año de 1912, España obtuvo el protectorado sobre el Rif, la parte marroquí del Mediterráneo. En ese momento todo el litoral africano del Mediterráneo estaba sometido a Estados europeos. Al Imperio otomano, derrotado en la Primera Guerra de los Balcanes de 1912, le quedaron Asia Menor, Siria, las costas arábigas e Irak. En 1916, en pleno conflicto mundial, Gran Bretaña y Francia convinieron el reparto de los dominios de Oriente Medio según el mapa acordado por los oficiales Sykes y Picot. Al terminar la guerra, el Imperio otomano quedó dividido en zonas de interés asignadas a las potencias vencedoras y a Grecia. Solo la extraordinaria empresa militar y política de Mustafá Kemal hizo posible el nacimiento de Turquía a partir de las cenizas otomanas. Londres obtuvo el mandato sobre Palestina, Transjordania e Irak, y París el de Siria, a la que llamó el Gran Líbano.

Es, pues, hace un siglo, o poco más, cuando Oriente Medio se convirtió en tal. Para Londres era el nudo estratégico en el camino hacia la India; por allí pasaban las rutas marítimas y las líneas aéreas y ahí la disponibilidad de petróleo era ingente, hasta el punto de que los primeros pozos entre Irak e Irán fueron abiertos por empresas británicas, en 1908. El oleoducto de Kirkuk-Haifa, construido por los británicos en 1932-34 y que estuvo operativo de 1935 a 1948, sirvió de modelo para otros vectores de crudo. El Mediterráneo se convirtió en una terminal de estilo moderno. Por lo demás, la red vial se transformó, con carreteras que se adentraban en los desiertos.

A la política de París se debe el nacimiento en 1926 de la República Libanesa, una especie de Suiza del Levante, con una población que en teoría debía estar compuesta mayoritariamente por cristianos maronitas y griegos ortodoxos, frente a la comunidad drusa y los musulmanes suníes y chiíes. Pero esta combinación resultó con el tiempo decisiva para la propia existencia de Líbano. Al mismo tiempo convergieron en Palestina numerosas comunidades judías, alentadas por la política británica tras la Declaración Balfour, lo que dio lugar a la transformación de los asentamientos y a la fundación de Tel Aviv. Las relaciones con la población árabe local se tornaron problemáticas y entre 1936 y 1939 se produjo la primera gran insurrección palestina.

Las décadas de entreguerras, a pesar de los problemas de convivencia en Líbano y Palestina y de los enfrentamientos geopolíticos entre la Italia fascista y Gran Bretaña, representan, en conjunto, el triunfo de Europa sobre el Mediterráneo. En apariencia un triunfo de la civilización impuesto a través de diversas formas de colonialismo. Se trató de una difusa y creciente europeización, de una transformación de la vida civil. La Turquía de Atatürk y el Irán de Reza Shah, con políticas de decidida secularización, sirvieron de referencia para las poblaciones árabes. La cultura nacional y la educación secular se convirtieron en una necesidad. En los mandatos coloniales, así como en la Libia italiana, Túnez, Argelia y Marruecos, el poder colonial intentó llegar a compromisos con la tradición del derecho coránico, especialmente en las zonas rurales y remotas. El dualismo entre el territorio y la dimensión urbana, transformada esta profundamente en un sentido europeo, caracterizó todos los contextos mediterráneos, desde Marruecos hasta Siria. Junto a las antiguas medinas surgieron barrios modernos, bulevares y ciudades jardín de estilo europeo. Europa y modernidad eran sinónimos a los que se adaptaron las generaciones árabes más jóvenes, que enseguida declinaron en clave nacional lo aprendido. El sur del Mediterráneo parecía encaminarse hacia una integración de tipo colonial con las costas europeas.

Pero el Sur no permaneció pasivo. El movimiento nacionalista árabe se hizo realidad en 1936-38. Era solo cuestión de tiempo para que el sistema impuesto por las potencias europeas, el mundo adaptado a los designios imperiales británicos, franceses e italianos, se enfrentara a lo que Gramsci llamó sociedades subalternas.

La época colonial se vio más tarde condenada, pero hasta 1945 el colonialismo se consideró como una tarea de la civilización europea: la de civilizar, la de imponer la modernidad (laica, secular, científica, industrial) en otros lugares. Los europeos tenían y manifestaban ciertamente un sentimiento de superioridad frente a los pueblos sometidos; las culturas de Oriente parecían inadecuadas para la época, tan cerradas en sí mismas como desconocedoras de la riqueza arqueológica en la que descansaban. Los descubrimientos de las primeras civilizaciones entre Egipto y Mesopotamia chocaban con la realidad dejada por el Imperio otomano. Por parte europea existía la certeza de que la historia era una cuestión de etapas evolutivas y de que el presente era el progreso. Pero, evidentemente, la adecuación al progreso en un sistema colonial no podía funcionar para todos, valía solo para algunos de los muchos sometidos. Todo el sistema presumía la existencia de dominadores y dominados. La lengua y la cultura del poder estaban fuera de toda discusión. La diferencia cualitativa entre las culturas justificaba toda la empresa. El Mediterráneo de 1920-1945 fue tan europeo como, en la perspectiva actual, injusto.

En 1945, terminada la guerra, París y Londres estaban convencidos de que conservarían los dominios imperiales, quizás con una mínima puesta al día. Propusieron respectivamente la Unión Francesa y la Commonwealth, dos soluciones en apariencia más inclusivas para relanzar la relación entre las metrópolis y las periferias reformadas pero aun así dominadas. Eran soluciones que estaban ya fuera de la realidad. Lo que siguió es la crónica del colapso colonial.

El colonialismo moribundo

En cuestión de pocos años, entre 1945 y 1962, Oriente se convirtió en el mundo árabe y cambió todo. Las naciones árabes se afianzaron en lo que se definió como un renacimiento tras los siglos otomanos y el yugo colonial europeo. En el Mediterráneo, la fórmula de «libertad y soberanía» invadió las costas meridionales y orientales del mar. Líbano se independizó en 1945, Siria y Transjordania en 1946. El desembarco de cientos de miles de refugiados judíos en el mandato británico hizo urgente la formación de un Estado israelí, que las Naciones Unidas, por indicación de un comité especial, propusieron realizar dividiendo Palestina en dos partes, una israelí y otra árabe. En 1948 Gran Bretaña renunció al mandato sobre Palestina y se proclamó el Estado de Israel, que sin embargo fue atacado inmediatamente por los países árabes vecinos. Fue el comienzo de una disputa cuya solución sigue sin entreverse hoy.

En 1951 surgió el Reino Unido de Libia bajo la soberanía de Idris, líder de los sanusíes, reino que duró hasta 1969. En 1952 los militares depusieron al rey Faruq de Egipto y fundaron la república. En 1954 Gamal Abdel Nasser, nuevo primer ministro egipcio, promovió el socialismo árabe, la reforma agraria y la industrialización; y en 1956 anunció la nacionalización del canal de Suez, a lo que Francia y Gran Bretaña respondieron con una expedición militar que terminó en estrepitosa derrota. En ese mismo año de 1956, Túnez consiguió la independencia, mientras que Marruecos se liberó del protectorado franco-español para convertirse en reino bajo Mohammed V en 1957. Nasser promovió la unión política con Siria, unión que funcionó durante unos años, y se constituyó en defensor del panarabismo, una política secular y laica y de orientación socialista, pero también antiisraelí, destinada a estrechar los lazos entre los nuevos países árabes. Entre Israel y Egipto se libraron tres guerras: en 1956, 1967 y 1973. En el mundo bipolar, dividido entre el bloque comunista y Occidente, el colapso de los sistemas coloniales era inevitable. Los nuevos países independientes, incluidos los mediterráneos, optaron por no alinearse.

A pesar de todos los cambios, Francia siguió apegada a Argelia, a la que no consideraba una colonia. Argel y Orán eran Francia al otro lado del Mediterráneo. Había por supuesto intereses económicos, pozos petrolíferos y todo un sistema agrícola, pero sobre todo había muchos franceses en todas las ciudades costeras. La guerra civil tiñó de sangre el país durante ocho años, dividió fuertemente a las comunidades y provocó la caída de la Cuarta República francesa y el nacimiento de la Quinta bajo la presidencia de Charles de Gaulle. Tras un referéndum y un inútil golpe de Estado en Argel, Francia se vio obligada a retirarse en 1962. Se cerraba así una historia que había comenzado en 1830. Era el fin de la era colonial en el Mediterráneo.

Y es a partir de los años sesenta cuando el Mediterráneo logró un equilibrio entre sus partes, la europea y la africana y asiática. El equilibrio entre el Norte y el Sur. Era una estabilidad debida al marco geopolítico general, el mundo dividido en bloques ideológicos, con el Mediterráneo como bisagra, pero también debida al hecho de que en casi todos los países árabes se establecieron regímenes dictatoriales: en Siria, el partido socialista Baaz, con Hafiz al-Assad en el poder de 1970 a 2000; en Libia, la dictadura de Muamar Gadafi de 1969 a 2011; en Túnez, el poder autoritario de Habib Burguiba de 1957 a 1987; en Argelia, la dictadura del Frente de Liberación Nacional desde la independencia en 1962 hasta 1989. Excepto en el Reino de Marruecos y Líbano, se proclamó el socialismo en forma de nacionalización de la economía y aumento del gasto público. La secularización afectó a la vida civil de todos los Estados, que al mismo tiempo, de Marruecos a Egipto, tuvieron que hacer frente al radicalismo islámico, la reacción política a la modernización social.

La descolonización fue política y cultural, y la cultura árabe, en sus declinaciones nacionales y seculares, conoció un gran fermento de creatividad, desde las artes a la literatura, pasando por el cine. Un *crescendo* que encontró reconocimiento en 1988 con la concesión del Premio Nobel de Literatura a Nagib Mahfuz. Después de tanta historia había llegado el momento de un Mediterráneo igual para todos, y ello a pesar de las crisis bélicas árabe-israelíes, la guerra civil en Líbano (1975-1990) o las brutales represiones internas, como en Siria en 1982 contra una insurrección organizada por los Hermanos

Musulmanes. Por lo demás, en el mundo bipolar convenía construir, en la medida de lo posible, la cooperación.

Como recordatorio de la comunión (al menos geográfica) entre los Estados mediterráneos estaban los Juegos Mediterráneos, una competición deportiva inspirada en el modelo de los Juegos Olímpicos; se celebraron en Alejandría en 1951 y fueron la expresión de un nuevo tipo de confrontación y acercamiento entre las orillas. Y por otro lado estaba el turismo, que se convirtió en elemento estructural para las economías de Egipto, Túnez y Marruecos. Con el tiempo se convirtió también en un modo de convivencia entre europeos, árabes y turcos en la forma de vacaciones y consumo.

Esta fue la época poscolonial en las orillas no europeas del Mediterráneo: sociedades secularizadas, con tendencias más o menos socialistas, cada vez más integradas funcionalmente con las economías de la Europa occidental. O quizá habría que decir que fue el *comienzo* de la era poscolonial. La diferencia entre el periodo comprendido entre 1962 y 1990 y el mundo posterior es evidente. Hay fechas que han permanecido como hitos.

En 1978, los Acuerdos de Camp David condujeron a la paz entre Egipto e Israel. Egipto se había convertido en el país más grande e influyente del mundo árabe: su reconocimiento del Estado de Israel fue por tanto una señal de gran esperanza para la estabilidad en Oriente Medio.

También en 1978-79 se produjo la revolución en Irán, que dio paso a una República Islámica chií basada en el derecho coránico y contraria al modelo de sociedad occidental. La radicalidad de la transformación política y civil llevada a cabo en la sociedad iraní se convirtió con el tiempo en una referencia para otros movimientos políticos islámicos. La revolución iraní reveló que no era necesariamente a través del secularismo y el socialismo, los caminos tomados por la mayoría de los Estados árabes poscoloniales, como se podía hacer nueva historia.

Y en ese mismo año de 1978 se publicó el ensayo *Orientalismo* de Edward Said, intelectual estadounidense y palestino, profesor de literatura comparada en la Universidad de Columbia en Nueva York. Para Said la reconstrucción del concepto de Oriente, totalmente europeo y occidental, sigue siendo hoy día la base desde la que entender y juzgar la actitud de Europa hacia el otro, una actitud cultural. Esto es válido en un sentido general, pero la tesis de Said es aplicable al Mediterráneo, al contexto en el que Europa más se ha enfrentado a Oriente.

Orientalismo es ciertamente un libro de tesis que resuelve de modo binario las relaciones históricas entre Europa y el mundo árabe, que culpabiliza a la cultura europea y que no contextualiza bien las pruebas del prejuicio en el ámbito de la situación histórica objetiva; pero con todo fue de hecho el punto de partida de los estudios poscoloniales y relanzó la dignidad de las culturas o condiciones culturales subalternas.

Para Edward Said, el imperialismo –especialmente el europeo– es un fenómeno de hegemonía cultural. El poder y la autoridad europeos se basan en la visión cultural que primero Europa y luego Occidente supieron imponer a los no occidentales. En otras palabras, junto a la colonización de los recursos existe la colonización de las mentes. Y todos los mundos subalternos, colonizados directa o indirectamente, han padecido también la idea generalizada de superioridad moral que Occidente está convencido de poseer.

Tras la descolonización política se llegó así a la descolonización de la cultura occidental desde su interior, desde su entorno académico. La *Visita de Napoleón a los apestados de Jaffa*, desde la perspectiva de finales del siglo XX, ya no puede ser otra cosa que la expresión de un sentimiento de superioridad tan inherente a Occidente.

4. Entre Occidente y no-Occidente

¿Quién no recuerda Bagdad bajo un cielo verde recortado por las balas trazadoras, entre el resplandor de explosiones? La noche del 17 de enero de 1991 comienza, en las pantallas occidentales, la Primera Guerra del Golfo. Cuarenta y dos países coaligados detrás de Estados Unidos contra Irak.

Nuestra contemporaneidad tiene sus orígenes en los acontecimientos de esos pocos años, hace más de tres décadas: la caída del Muro de Berlín en noviembre de 1989; la operación militar Tormenta del Desierto contra Irak en enero de 1991; la desaparición de la Unión Soviética en diciembre del mismo año; pero también la guerra civil en Yugoslavia, que había estallado el verano anterior.

Son hechos que marcaron el comienzo de una nueva época en la que la historia –se pensó entonces con cierto entusiasmo– había alcanzado su apogeo, había llegado a su fin, es decir, se había consumado en la forma del modelo democrático y liberal de Occidente. La Primera Guerra del Golfo no hizo más que sancionar la hegemonía unipolar de Estados Unidos, que seguía siendo la única superpotencia mundial.

Los años noventa

No hay duda de que los años noventa fueron el triunfo de Occidente tal como era concebido desde 1945, con la cumbre política y económica encarnada por los países del G7. Para Estados Unidos fue como una tercera victoria, tras las de 1918 y 1945. Las crisis conflictuales regionales, desde la disolución de Yugoslavia hasta Ruanda y Somalia, se consideraban excepciones localizadas.

El Mediterráneo de los años noventa fue, como siempre, un espejo de las dinámicas presentes en sus orillas. Para la orilla europea se habla de una época neoliberal/neoliberalista bajo el signo de la integración política y económica en la Unión Europea nacida en 1992, una institución supraestatal y supranacional sin precedentes en la historia del viejo continente.

De hecho, la integración europea es también historia mediterránea, ya que la Unión acercaba aún más entre sí a sus Estados miembros, entre ellos los mediterráneos España, Francia, Italia y Grecia, con la idea de acabar con las fronteras, tener una moneda única y formar un superestado, una federación. El Este europeo, de pasado comunista, vivió en cambio una difícil fase de transición desde los regímenes monopartidistas y el fracaso de la economía planificada a una economía de mercado y la democracia. Un proceso empañado por la desintegración de Yugoslavia a través de una serie de guerras entre 1991 a 1999 y por las crisis económicas y sociales. En Albania se produjo en 1997 un colapso civil, llegándose al borde de la anarquía.

Turquía, a la espera de entrar en la Comunidad Económica Europea desde 1965, seguía esperando a ser admitida en la Unión. En la lista de espera estaban también Chipre y Malta. La guerra civil en Líbano había terminado en 1990, al cabo de quince años. Y tras algunas reuniones celebradas en Madrid en 1991, Israel y la OLP, la Organización para la Liberación de Palestina, habían llegado en 1993 a los Acuerdos de Oslo, es decir, al reconocimiento mutuo. Teniendo en cuenta la Intifada, la rebelión en los territorios palestinos, que comenzó en 1987, aquello parecía un resultado muy prometedor para la paz en Oriente Medio. En los mismos años, Egipto, Túnez y Marruecos vivieron un periodo de estabilidad y desarrollo económico. No así Argelia, atormentada desde 1992 y durante años por una guerra civil entre el régimen y las milicias islamistas; una guerra librada con sordina, a pesar del gran número de víctimas. Y mientras que Libia, bajo la dictadura de Gadafi, seguía siendo mal vista por Occidente, Siria, bajo al-Assad, se había aproximado al apoyar la Primera Guerra del Golfo.

En términos generales, entre luces y sombras, la época poscolonial se había consolidado completamente en las orillas meridionales y orientales del Mediterráneo, y con la desaparición del mundo bipolar trataba de adaptarse al nuevo orden.

En este clima se puso en marcha en 1995 el Proceso de Barcelona, una iniciativa encaminada a un acercamiento de las orillas europeas a las árabes y turcas.

El Proceso de Barcelona

El Proceso de Barcelona fue una iniciativa lanzada en 1995 con la primera Conferencia Euromediterránea de Barcelona, en la que los ministros de asuntos exteriores de la UE y de doce países del Mediterráneo meridional y oriental se comprometieron en un proyecto de asociación. La conferencia interministerial fue inaugurada por Javier Solana, a la sazón ministro de asuntos exteriores de España, país que presidía el Consejo de la Unión Europea. Solana se pronunció en contra de la idea del choque de civilizaciones de la que se hablaba en aquellos años a raíz de los ensayos de Samuel Huntington. En lugar del Mediterráneo de las separaciones, se trataba de desarrollar la cooperación entre la Unión Europea y sus socios árabes. Se estaba a nueve siglos de la proclamación de las cruzadas (1095) y a una considerable distancia de la era colonial: los tiempos estaban maduros para una nueva convivencia. El resultado de la cumbre fue la

Declaración de Barcelona, un documento que sigue siendo válido hoy como base sobre la que construir la integración en el Mediterráneo.

El espacio mediterráneo compartido, el EuMed, debía realizarse mediante acciones de paz, promoviendo la estabilidad y la seguridad, la democracia y los derechos humanos y el diálogo constante entre las partes. Las piedras angulares del diálogo debían ser la política, la economía y la cultura. El objetivo era un mercado común según el modelo de la Comunidad Económica Europea de los años cincuenta y sesenta. En las reuniones anuales subsiguientes se previó la creación de una zona euromediterránea de librecambio a concretar antes de 2010. La integración implicaba el fortalecimiento de las redes comerciales, la deslocalización de industrias (del norte hacia el sur) y la movilidad laboral mediante acuerdos de máximos y acuerdos bilaterales entre Estados (del sur hacia el norte). Un plan realmente ambicioso. Repasando la historia del Mediterráneo, reciente y pasada, nunca un foro multilateral de tan alto nivel había expresado propósitos tan elevados. Era una combinación de optimismo y pragmatismo en un mundo encuadrado en el Occidente triunfante. Y era precisamente ese contexto inédito el que obligaba o animaba a las partes a repensarse en el Mediterráneo. Vistas las cosas desde hoy, fueron los mejores años.

Después, como se sabe, las cosas discurrieron de otra manera. Se produjeron sucesos de alcance mundial. El atentado terrorista contra las Torres Gemelas de Nueva

York, símbolo del capitalismo y de Occidente, perpetrado el 11 de septiembre de 2001 por la organización Al Qaeda, supuso un cambio decisivo. Aún está por comprender, basándonos en la evolución histórica del siglo XXI, hasta qué punto este suceso puede señalarse como un punto de inflexión. Sin duda fue la premisa de una larga y desgraciadamente actual etapa del terrorismo islamista. Y también la premisa de las guerras de compensación que Estados Unidos y sus aliados libraron en Afganistán e Irak. La masacre de la estación de Atocha en Madrid, el 11 de marzo de 2004, también perpetrada por terroristas islámicos, sembró el terror en Europa.

Con todo, 2004 sigue siendo un año histórico para la ampliación de la Unión Europea hacia el Este, con la inclusión de Estonia, Letonia, Lituania, Polonia, Hungría, República Checa, Eslovaquia y Eslovenia, pero también hacia el Mediterráneo, con Malta y Chipre. Se definió, como queda dicho, la Política Europea de Vecindad (*European Neighbourhood Policy,* ENP) hacia el Este más lejano (Rusia, Bielorrusia, Ucrania, Moldavia, Georgia, Armenia, Azerbaiyán), los Balcanes, Turquía y los países mediterráneos, con la estrategia de definir un área de complementariedad e integración de la UE llevada a cabo mediante acciones no solo económicas sino también culturales y académicas. Y no es casualidad que en 2004, en la Feria del Libro de Fráncfort, los países de la Liga Árabe estuvieran presentes como invitados especiales.

Derribo de la estatua de Sadam Huseín en la plaza Firdos de Bagdad, el 9 de abril de 2003.

La imagen más evocadora de aquellos años es sin duda la del derribo de una estatua. Se había consumado la Segunda Guerra del Golfo contra el Irak de Sadam Huseín, con el pretexto de exportar la democracia y suprimir un régimen peligroso para Occidente. El 9 de abril de 2003, en Bagdad, la estatua de Sadam fue derribada en la plaza Firdos («del paraíso»), con retransmisión en directo por la televisión mundial.

La imagen de la estatua cayendo en medio del júbilo de la multitud y de la tropa representa la caída de una dictadura y marca aún más claramente el punto culminante de la influencia política y militar de Occidente en el Sur histórico, en la antigua Mesopotamia, en Bagdad, capital de la época más esplendorosa de la historia árabe. Sin embargo, mientras que el paso de Napoleón por Oriente nos dejó una especie de integración –aunque solo sea a nivel de imaginario– con el descubrimiento del antiguo Egipto, la Segunda Guerra del Golfo no nos dejó nada, no fue el inicio de una nueva transformación de Oriente Medio. Al contrario, en el imaginario, la vacua victoria fue tanto el clímax del mundo unipolar como el comienzo de su parábola descendente.

Entre Oriente Medio y la Unión Europea, las integraciones euromediterráneas –siempre declaradas, siempre pensadas, pero nunca puestas en marcha del todo– siguen siendo débiles tentativas, muestras de buena voluntad y civilidad, pero poco más. Diez años después del Proceso de Barcelona tuvo lugar en 2005, también en Barcelona, la Cumbre Euromediterránea, y en julio de

2008 se celebró otra cumbre en París para relanzar la asociación bajo la fórmula de «paz, estabilidad y prosperidad». Nació así la Unión por el Mediterráneo, más una iniciativa que una asociación, con los 27 países de la Unión Europea, más los 16 países de las costas africanas y asiáticas, así como los Balcanes occidentales. La idea era que fuese una organización intergubernamental encargada de llevar adelante los capítulos de cooperación contemplados en el Proceso de Barcelona. Se anunciaron entonces una serie de iniciativas, desde la creación de una zona de librecambio hasta la contención de la contaminación, desde el desarrollo de la movilidad marítima y terrestre sostenible al fomento del emprendimiento y de las energías alternativas o el fomento de la enseñanza superior y la investigación. El objetivo era, una vez más, reducir la brecha Norte-Sur en el Mediterráneo. A pesar de que se decidió convocar una cumbre cada dos años, no se celebró luego ninguna reunión más.

La Unión por el Mediterráneo sigue existiendo a nivel de secretaría con sede en Barcelona y promueve proyectos específicos, pero nunca ha llegado a convocarse la asamblea intergubernamental ni se han puesto en marcha estrategias de integración aprobadas por todas las partes.

En 2010, la crisis de las deudas soberanas se había propagado a la llamada eurozona, provocando una divergencia entre la Europa del sur y la del norte. Circuló entonces el acrónimo PIGS para referirse a Portugal, Italia,

Grecia y España, es decir, los países con perennes problemas en las finanzas públicas, déficit presupuestario y elevado gasto en los servicios públicos. De hecho, *Pigs* era una calificación de grupo que desacreditaba a los países mediterráneos de la UE. Había vuelto el estereotipo del Sur europeo como incumplidor e incapaz de estar a la altura.

Desde 2010 se suceden en la vecindad mediterránea las tensiones y los conflictos. Las primaveras árabes de ese año (así llamadas como para evocar las insurrecciones nacionales europeas de 1848) sacaron a la calle la protesta de los más jóvenes en Egipto, Siria, Libia, Túnez, Argelia y otros países. Se pensó que era el comienzo de una época más democrática en países por lo general autoritarios, es decir, que en esencia era la transición hacia una vida política de estilo occidental. Pero muy pronto se vio que la alternativa al autoritarismo eran los partidos de decidida tendencia islamista, cualquier cosa menos occidentalista. Una vez más, en el entusiasmo de los políticos, de los expertos y de la opinión pública occidentales por las primaveras árabes se ponía de manifiesto la habitual tendencia a ver en Oriente un reflejo de Occidente. En esencia, Occidente y Europa proyectaron una especie de *wishful thinking* sobre los países árabes: el deseo de que estos se libraran de las dictaduras (más o menos endémicas) y llegaran, a través de una revolución democrática, a los estándares políticos occidentales.

No fue ese el caso. La guerra civil en Siria, que estalló en 2011 entre las milicias armadas rebeldes y las fuerzas gubernamentales leales a Bashar al Asad, desencadenó una reacción en cadena de otros conflictos, previsibles a la vista de la compleja estructura demográfica del país. La formación de un Estado islámico yihadista complicó el panorama bélico y llevó a la intervención de potencias extranjeras: Estados Unidos, Rusia y Turquía. El conflicto, que aún no ha remitido del todo, provocó un éxodo masivo, con millones de refugiados que acabaron en los campos de acogida de Turquía y Europa.

En Egipto, las insurrecciones pusieron fin al largo dominio de Hosni Mubarak (1981-2011) y las elecciones de 2012 dieron la victoria a Mohamed Morsi, de los Hermanos Musulmanes. La crisis política y financiera subsiguiente se resolvió con un golpe de Estado militar en 2013 y la investidura en 2014 del presidente Abdulfatah al-Sisi, que sigue hoy en el poder. En Libia, el régimen de Gadafi fue derrocado en 2011 con la participación de fuerzas militares de Estados Unidos, Francia, Reino Unido, Italia y Canadá. El país quedó sumido en la anarquía con el estallido de la guerrilla entre Tripolitania, Cirenaica y Fezán, territorios controlados por facciones rivales.

El rostro ensangrentado de Gadafi, en una tumultuosa y horrible escena de final de drama, marcó la transición de la dictadura a la anarquía. Era el epílogo de una historia: las orillas del antiguo Oriente habían intentado adaptarse al mundo contemporáneo, con proclamas de justicia y socialismo; con el tiempo se consolidaron sin embargo dictaduras y regímenes autoritarios, corrupción y clientelismo, poderes compartidos entre círculos, clanes y familias, sistemas que a pesar de todo funcionaron porque seguía habiendo un Estado. Las dificultades económicas y el descontento social alimentaron la oposición en la forma del islamismo político y radical, sumiendo a los países en el caos. El caso de Libia demuestra lo difícil que es la construcción de un Estado, el *state building*, y lo importante que es la estatalidad en los países árabes mediterráneos.

La quiebra de Libia y las dificultades actuales de Túnez son problemas que afectan a todos los Estados mediterráneos. La inestabilidad alimenta los flujos migratorios hacia las costas europeas. A través del rompecabezas libio pasan, aparte de los refugiados sirios, los migrantes del Sahel, con toda una red involucrada en el tráfico de gentes desesperadas entre el desierto y el mar. Como se mencionaba en el prólogo, el Sahel ha conocido en los dos o tres últimos años la caída de regímenes, Estados reducidos a la capital y guerras civiles: una situación caótica. La tradicional presencia francesa vacila, y en cualquier caso no basta. Prosperan las organizaciones islamistas radicales, está activa la compañía militar rusa Wagner y se hallan también presentes Turquía y China. Ante el panorama disgregado de Libia, Chad, Mali, Níger, Sudán y Sudán del Sur, ante la ausencia progresiva de toda estatalidad, Occidente permanece pasivo, como si se tratara de lugares remotos. Es el Sur global, que no es que llame a las puertas del Mediterráneo, sino que es la puerta misma de este mar.

La fractura interna

Estas son, pues, las semblanzas de la frontera mediterránea. En los mismos años en que se desmoronaba el mundo al otro lado del mar, el miedo golpeaba el corazón de Europa con una vehemencia sin precedentes.

El terrorismo islamista se ensañó con París en 2015: en enero, con la masacre en la redacción del semanario satírico *Charlie Hebdo* y en noviembre con la matanza en el teatro Bataclan. En marzo de 2016, Bruselas se vio sacudida por graves atentados, y en julio de 2016 se produjo la masacre en el paseo marítimo de Niza. Nunca desde la Segunda Guerra Mundial se había visto tanta violencia ni tan ostentada.

El objetivo era, claramente, sembrar el terror.

La guerra contra el Dáesh o EIIL, el Estado Islámico de Irak y el Levante, se volvió contra las capitales más multiculturales de Europa. Los autores de los atentados eran ciudadanos franceses y belgas, hijos de inmigrantes del Magreb, lo que ha llevado a considerar el fracaso de las políticas de integración. Se trataba efectivamente de individuos de la segunda o tercera generación, a menudo carentes de sentido de pertenencia y patriotismo, pero imbuidos de fanatismo y de odio. Aunque las autoridades han intentado explicar estos episodios como casos casi aislados, como producto de las dificultades económicas o de la alienación social en los suburbios urbanos, el fenómeno es más complejo de lo que pueda parecer.

Tras la consternación, el terrorismo quedó bajo control (por así decir) en el espacio de pocos años, pero subsiste el temor de que retorne, porque no han dejado de producirse episodios aislados de violencia. Todo ello, huelga subrayarlo, ha bloqueado las perspectivas de una integración mediterránea. El escenario que evoca la frontera mediterránea es de guerra e inestabilidad, terror e islamismo radical: un torbellino de problemas que podría desbordar hacia Europa. Existen ya bibliografías enteras especializadas en la cuestión. Además, el terrorismo de los europeos musulmanes ha suscitado dudas acerca de la posibilidad misma de una integración entre diferentes culturas y tradiciones de civilización en el continente. La Europa secular y laica, democrática y respetuosa con las diferencias, se enfrenta con nuevos retos para su sociedad civil, que en cuestión de pocas décadas se ha convertido en multicultural.

No existe ninguna idea viable sobre cómo abordar la acumulación de problemas a un lado y otro de la frontera global en el Mediterráneo. Porque la integración europea, es decir, la visión y la inspiración que han caracterizado la historia política del continente desde la Guerra Fría hasta estos últimos años, no ha tenido en cuenta la transformación de los mundos situados en sus confines. Por no hablar del hecho de que, paralelamente, se está produciendo una transformación interna de las propias sociedades europeas. A pesar de la integración, la historia de cada uno de los países europeos sigue teniendo su propio peso. Francia es una cosa, Polonia otra distinta.

Ante el terrorismo islamista y la acogida de inmigrantes han surgido diferencias y divisiones entre los países europeos occidentales y los del Este, opuestos a la acogida.

El caso de Francia es paradigmático. En efecto, la sociedad civil francesa presupone una identidad nacional basada en la ciudadanía (la ciudadanía define la identidad), y este modelo ha funcionado. Hay millones de franceses que son de origen italiano, pero son franceses. Sin embargo, la religiosidad de una comunidad en expansión como la musulmana no siempre resulta fácil de conciliar con la tradición laica y secular del Estado francés. También se olvida que el problema de la diversidad confesional se resolvió en Francia hace más de tres siglos con la expulsión de los hugonotes, los calvinistas, en 1685. La proverbial dimensión secular y laica del Estado francés deriva de la previa homologación en un sentido católico y en la versión galicana. La tolerancia hacia algunos judíos y calvinistas fue de hecho tolerancia hacia unos pocos, no sin episodios de antisemitismo, como se evidenció en el caso Dreyfus.

La creciente presencia de las comunidades islámicas en Francia desde los años sesenta tiene su origen en la historia colonial del país, como si representara una especie de continuación, dentro de Francia, de la gran Unión Francesa concebida en 1945, que pretendía integrar la metrópoli con el mundo colonial. La actual realidad francesa refleja lo que debería haber sido la Francia global, y vuelve a presentarse en la Organisation internationale de la Francophonie, organización internacional que agrupa a los países de lengua francesa. La lengua es el elemento unificador entre la dimensión interna y la externa y global. Las culturas «franco-guion» son bienvenidas, son la anticipación de lo que será el futuro. Se trata, pues, de una situación del todo francesa, extremadamente interesante y potencialmente creativa, pero también complicada, como hemos visto, y en cualquier caso no reproducible en otros países europeos ni en general a escala de la Unión Europea.

Frente a la novedad, cada Estado europeo se presenta con su propia historia. Y la historia marca la diferencia entre los grandes países de Europa occidental que tienen antecedentes coloniales (como Francia, que también es capaz de reinventarse, porque ya lo ha hecho a través de la experiencia de cinco repúblicas) y los países de Europa central, que han perdido varias veces su independencia y su estatalidad, que se han encontrado en la frontera de la idea misma de Europa y de la cristiandad latina y que nunca estuvieron involucrados, ni podrían estarlo, en ningún colonialismo. Lo que en el Mediterráneo es una complejidad evidente, es decir, la coexistencia entre diversidades, aunque atenuada por el mar, en Europa es algo que solo ha llegado recientemente, según una geografía variable. Es cierto que Europa occidental se ha mediterraneizado, primero a través de las migraciones internas de sur a norte y después por la creciente presencia de poblaciones musulmanas, magrebíes, de Oriente Medio y africanas. En todas las ciudades de Europa occidental se sirven pizzas y kebabs y hay centros islámicos y mezquitas. En la difusa dimensión urbana viven comunidades que están unidas por la lengua de comunicación pero que difieren en cultura y religión. Son mundos paralelos, poco perceptibles en lo que rápidamente se ha convertido en la normalidad. Recuerdan a las *mahale*, los barrios étnicos de las ciudades otomanas; parecen fragmentos de ciudades levantinas. Sin embargo, la situación y la idea de la copresencia de diversidad no es la misma en los países situados entre el Báltico y el Adriático y el Egeo que en los situados entre Estonia y Polonia y Croacia, Bulgaria y Grecia, que son las fronteras de la Unión Europea.

Las migraciones son ahora más una cuestión que un problema, porque está claro que no es un fenómeno temporal sino duradero. Se dice que hay que gestionar el flujo de llegadas. La opinión pública está dividida entre la aceptación y el rechazo, y esto es algo que se observa en todos los países, no solo en los fronterizos. Por un lado está el drama humano, la ayuda que hay que prestar; por otro, lo que sigue a la acogida: qué hacer, cómo integrar a los recién llegados. Se trata de individuos, pero también de culturas. Han hecho falta muchas décadas para escolarizar a la población europea, para desarrollar más o menos una conciencia civil y política, para uniformar la comunicación, para educar a la ciudadanía. Para hacer a los italianos y a los europeos ha hecho falta tiempo, historia. Es algo que se suele olvidar en una sociedad ahora fuertemente transformada en sentido economicista, en la que prevalece la ilusión de que el mercado puede resolverlo todo. La inmigración es un hecho humano y cultural.

En la frontera del Mediterráneo se refleja la Unión Europea, que no ha conseguido integrarse a nivel federal y que se encuentra ante la tarea de comprender tanto las diferentes culturas no europeas que están pasando a formar parte de ella como las diferencias entre su Este y su Oeste. En la parte occidental, ya poco creyente y practicante en el plano religioso, están convirtiéndose en norma tanto las culturas extraeuropeas como las distintas religiones, empezando por la islámica. Todo ello mientras Europa, como parte de Occidente, vive una crisis de los valores occidentales. El miedo a la frontera global es una expresión de la incertidumbre acerca de lo que Occidente quisiera ser hoy.

La crisis es un hecho cultural. Cierto que los ordenamientos democráticos, expresión de los valores occidentales, no pueden ponerse en entredicho. Pero incluso eso se ha puesto en peligro. El asalto al Capitolio en Washington el 6 de enero de 2021 sigue siendo un hecho histórico que ha desacreditado a Estados Unidos a ojos de los excluidos de Occidente: y estos son gran parte del planeta.

Es algo que no había ocurrido nunca desde 1945: Occidente ya no parece fuerte. Y la autoridad y credibilidad occidentales también tocaron fondo en otro pasaje simbólico: la caótica retirada de los contingentes estadounidenses y sus aliados de Afganistán en agosto de 2021. Una retirada repentina de Oriente, como en los peores colapsos bizantinos y cruzados.

Ucrania

En febrero de 2022 se produce la invasión de Ucrania por parte de Rusia. Se había iniciado, enseguida se hizo evidente, una nueva fase histórica a escala global. No es necesario repasar aquí los hechos. Lo que es cierto es que la guerra ha dejado claro que Rusia no está sola. El grupo de los países BRICS y otros antiguos países coloniales apoyan tácitamente a Moscú en la agresión.

La guerra refleja la creciente polarización entre Occidente y no-Occidente. La fractura está transformando la dicotomía Sur/Norte en un hecho de relevancia cultural. El mundo se ha vuelto multipolar y Asia se está afirmando como el centro donde actúan nuevas y novísimas potencias: los gigantes China e India, los *players* regionales Irán, Turquía y Arabia Saudí. Hacia esa combinación vuelven la vista los países de África y América Latina. La guerra de Ucrania ha acelerado este proceso, lo mismo que el conflicto entre Israel y Hamás en Gaza, que aumenta la presión sobre Occidente.

En el Mediterráneo de hoy convergen todos los problemas de dimensión global. Asistimos a una aceleración de la historia. No han pasado muchos años desde aquel 2008, el último intento de construir un Mediterráneo mejor; y sin embargo no queda casi nada de aquel proyecto. A falta de acciones de integración destaca hoy la brecha Sur/Norte, que se deja sentir en Europa y que puede hacer que las poblaciones de las dos orillas se extrañen mutuamente. Existe el riesgo de que se reavive la división entre el que es europeo y occidental y el que no lo es y que de todos modos no quiere serlo, porque existe una alternativa cultural a Occidente.

Se habla de modernidades alternativas: todos los caminos hacia la modernidad, entendida como la capacidad de existir y actuar en el mundo actual, tienen su propio valor y no tienen por qué reflejar necesariamente el modelo occidental. La idea de una modernidad alternativa hunde sus raíces en el pensamiento de Gramsci y se ha desarrollado en las últimas décadas en el contexto de los estudios poscoloniales. China, India, pero también Arabia Saudí, demuestran que se puede ser protagonista y no comparsa a escala mundial sin imitar a Occidente. Son asimismo un ejemplo para los Estados más pobres, donde los regímenes autoritarios o las dictaduras han demostrado ser más estables para la vida civil. Está ahora claro que la democracia no puede exportarse ni imponerse, como se quiso hacer en Irak y Afganistán. Cada país debe alcanzar su propia modernidad, una vida digna para sus propios habitantes, a través de caminos viables, adecuados a cada situación.

Detrás de las visiones políticas de estos países hay un orgulloso sentido cultural, una cultura madurada en el transcurso del siglo XX gracias a la confrontación con las experiencias europeas, una cultura, en fin, plenamente consciente de su propia especificidad, de ser no-occidental. Este sentido de diferencia cultural corre a lo largo de la frontera en el seno del Mediterráneo. Una diferencia y una división que pueden marcar a la propia Europa.

Epílogo

La rutina económica puede ser tranquilizadora. Puede servirnos de consuelo. Después de todo, hay que vivir juntos y de una manera u otra. En diciembre de 2023, Turkish Airlines encargó nada menos que 220 aviones Airbus destinados a medias y largas distancias (A321 y A350), confirmando su crecimiento entre las diez aerolíneas más grandes del mundo. Turquía misma, con el nuevo aeropuerto de Estambul, se está imponiendo como punto de conexión clave entre Europa y Asia. La guerra no queda lejos de allí, en la Franja de Gaza, y ahora en el mar Rojo, y sin embargo la economía y el capitalismo global ofrecen esperanza, miran al futuro y expresan las interdependencias que siempre se han conocido en el Mediterráneo. Mientras que las políticas europeas son de corto alcance, de un presupuesto al siguiente, con una imaginación digna de un contable, Turquía es capaz de realizar inversiones con vistas a los próximos treinta años, apuntando esencialmente a 2060.

Se sigue así adelante a pesar de todo, a pesar de la política y la geopolítica, con un baño de realidad, a pesar de que el futuro que se vislumbra en Oriente Medio es poco alentador. Aquí todos los actores parecen apuntar a lo peor. En torno a la frontera mediterránea, a lo largo del eje Sur/Norte, se divisan nubes amenazadoras que presagian, no ya una, sino tres tormentas perfectas: la crisis de Occidente, a partir de su centro; los desafíos de la Unión Europea, que son también bélicos; y el conflicto en Oriente Medio y el caos en el espacio afromediterráneo, entre Libia y el Sahel. ¿Qué se puede hacer?

En primer lugar se puede tomar nota de la frontera Sur/Norte en el Mediterráneo, de lo que esta frontera implica y refleja, especialmente en Europa, y, habida cuenta de la situación actual, buscar inspiración en aquellos pasajes que parecían ofrecer alguna esperanza. En ese sentido, lo propuesto en términos políticos entre 1995 y 2008 sigue siendo un punto de partida. La Declaración de Barcelona, desde el punto de vista histórico, tiene un valor constitucional a la hora de pensar en un Mediterráneo de alguna manera coordinado aunque no necesariamente integrado (cosa muy difícil de conseguir).

El Mediterráneo es ciertamente un espacio geopolítico, una especie de campo electromagnético de los juegos geopolíticos globales; pero luego, en lo concreto, no es más que una mesa con 23 comensales –los Estados ribereños– de variado espesor y diferente vocación mediterránea. La Unión Europea, como queda dicho, debería desempeñar un papel importante, pero no quiere asumir la responsabilidad del papel mayoritario que de hecho posee a tenor de los simples datos geográficos. El Mediterráneo forma parte, de diferentes maneras, de cada Estado, pero también es algo en sí mismo: no es del todo Europa (a pesar de la geografía política), es en una mínima parte África y es un marco marítimo para el Oriente Medio. Vivir el Mediterráneo significa ser consciente de ello y tener conciencia histórica del presente.

En una época saturada de información, no existe ningún verdadero conocimiento del otro. Cada país entre Turquía y Marruecos tiene sus propias declinaciones internas, regionales y locales, y numerosas culturas. No existe una verdadera comprensión de toda el área africana que gravita en torno al Mediterráneo, porque los Estados resultantes de la descolonización son más virtuales que reales. Hace falta mucha humildad para comprender estas culturas. Por desgracia, incluso en la época poscolonial sigue prevaleciendo una actitud paternalista y dominante frente a esos mundos, juzgados desde la perspectiva europea como un problema. Porque para Europa son de hecho la frontera extrema del problema. No es ni será fácil llegar a ese conocimiento y a esa comprensión.

Y podría ser tarde. El paradigma de las modernidades alternativas en el Sahel y en general en África se halla lejos de las recetas europeas y occidentales acerca de cómo construir sistemas democráticos y sociedades civiles que después no llegaron a formarse. De los fracasos nacen nuevas historias. Las modernidades alternativas se están consolidando como modelo cultural en el Sur global en oposición al modelo occidental. En esas circunstancias, la propia Europa se reduce a un estereotipo a ojos de los no europeos. Al fin y al cabo, ¿hasta qué punto se conoce, desde la perspectiva africana, un país como Italia? ¿Y las distintas Europas? Sobre Europa existen imaginarios que se dan por sentados y que la red amplifica a escala global como un lugar de bienestar material, asistencia social y disposición a la acogida. Qué pasado existe detrás de este presente y de estos logros no importa. Probablemente sea también inútil pretender otra cosa si después falta la conciencia histórica europea incluso en el discurso político europeo.

El eterno presente esconde lo que ayer mismo era historia. Europa ha sido un inquietante continente negro u oscuro *(dark continent)*, como lo llamara Mark Mazower pensando en los años treinta. La larga parábola socialdemócrata, es decir, el largo periodo de prosperidad de la posguerra en una sociedad civil madura, como explicó magistralmente Tony Judt (en *Postguerra*), tocó definitivamente a su fin hacia el año 2000. Los aspectos oscuros pueden retornar, mientras que el estado social está claramente desapareciendo.

Hoy se tiende a vivir al día, en una sociedad hecha únicamente de mercado. No hay ninguna visión de futuro. No existe ninguna «proyectualidad» convincente en

Europa. Y no parece que las naciones estén en extinción, como se llegó a pensar; si acaso, el *nation building* se está adaptando a las nuevas realidades, con sustanciales diferencias entre los países de las distintas Europas: occidental, central, oriental, Escandinavia, Balcanes.

Todo esto tiene su importancia cuando se mira al Mediterráneo. Cuanto más evidentes son las condiciones críticas humanas y civiles al sur de la frontera mediterránea, tanto más surgen al norte incógnitas e interrogantes. Más allá de la geopolítica, los retos del futuro serán culturales, en la confrontación entre el Sur global y Occidente. El Mediterráneo se encuentra en la línea de confrontación. Como constructo cultural, es una invención europea; en gran parte es un espacio de influencia europea; y por lo tanto, al final, es un problema europeo, un problema que debe encararse. Por eso los proyectos para el futuro no pueden venir sino de Europa, sea cual sea esta. Será necesario repensar Europa y por tanto el Mediterráneo.

Bibliografía de referencia

ALBAHARI, M., *Crimes of Peace. Mediterranean Migrations at the World's Deadliest Border*, Filadelfia, University of Pennsylvania Press, 2015.

BECHEV, D. y NICOLAÏDIS, K. (eds.), *Mediterranean Frontiers. Borders, Conflict and Memory in a Transnational World*, Londres-Nueva York, Tauris Academic Studies, 2010.

CARDINI, F., *Incontri (e scontri) mediterranei*, Roma, Salerno editrice, 2014.

CASOLA, C., *Sahel. Conflitti, migrazioni e instabilità a Sud del Sahara*, Bolonia, il Mulino, 2022.

CHAABITA, R., (ed.), *Migration clandestine africaine vers l'Europe. Un espoir pour les uns, un problème pour les autres*, París, L'Harmattan, 2010.

«Che mondo fa», en *Limes. Rivista italiana di geopolitica*, 11, 2013.

DIÈYE, Ch. T., *L'Afrique et l'Europe. La fin d'une histoire*, París, L'Harmattan, 2024.

FELLOUS, G., *Islam de France*, París, L'Harmattan, 2023, 2 vol.

FERGUSON, N., *Civilización: Occidente y el resto*, Barcelona, Ed. Debate, 2022.

FINOTELLI, C. y PONZO, I. (eds.), *Migration Control Logics and Strategies in Europe. A North-South Comparison*, Cham, Springer, 2023.

GAONKAR, D.P. (ed.), *Alternative Modernities*, Durham (NC), Duke University Press, 2001.

GRAZIOSI, A., *Occidenti e modernità. Vedere un mondo nuovo*, Bolonia, il Mulino, 2023.

HÄBICH, G. (ed.), *Politiche di confine nel Mediterraneo*, Soveria Mannelli, Rubbettino, 2004.

Handbook of World Development. The Guide to the Brandt Report, Harlow, Longman, 1981.

JUDT, T., *Postguerra: una historia de Europa desde 1945*, Madrid, Taurus, 2006.

LACOSTE, Y., *Géopolitique de la Méditerranée*, París, A. Colin, 2006.

LASCHI, G., *L'Europa e gli altri. Le relazioni esterne della Comunità dalle origini al dialogo Nord-Sud*, Bolonia, il Mulino, 2016.

–, G., (ed.), *Oltre i confini. L'UE fra integrazione interna e relazioni esterne*, Bolonia, il Mulino, 2011.

LORENZINI, S., *Una strana guerra fredda. Lo sviluppo e le relazioni Nord-Sud*, Bolonia, il Mulino, 2017.

MAZOWER, M., *La Europa negra: Desde la Gran Guerra hasta la caída del comunismo*, Valencia, Barlin Libros, 2017.

«Mediterranei», en *Limes. Rivista italiana di geopolitica*, 6, 2017.

MIGNOLO, W. D. y WALSH, C. E., *Decolonialità. Concetti, analisi, prassi*, Roma, Castelvecchi, 2024 (2018).

MIGNOLO, W. D., *Local Histories/Global Designs. Coloniality, Subaltern Knowledges, and Border Thinking*, Princeton, Princeton University Press, 2000.

MILANOVIC, B., *Chi ha e chi non ha. Storie di disuguaglianze*, Bolonia, il Mulino, 2012.

MINI, F., *Mediterraneo in guerra. Atlante politico di un mare strategico*, Turín, Einaudi, 2012.

MORLINO, L., *Uguaglianza, libertà, democrazia. L'Europa dopo la grande recessione*, Bolonia, il Mulino 2021.

MURPHY, D. C., *China's Rise in the Global South. The Middle East, Africa, and Beijing's Alternative World Order*, Stanford, Stanford University Press, 2022.

North-South, a Programme for Survival. Report of the Independent Commission on International Development Issues, Londres-Sidney, Pan Books, 1980.

PAHIMI PADACKÉ, A., *L'Afrique empoisonnée. Pathologie et thérapie des conflits*, París, L'Harmattan, 2023.

PANEBIANCO, S. (ed.), *Border Crises and Human Mobility in the Mediterranean Global South. Challenges to Expanding Borders*, Cham, Palgrave Macmillan, 2022.

SAID, E. W., *Orientalismo,* Barcelona, Ed. Debate, 2016.

–, *Cultura e imperialismo,* Barcelona, Ed. Debate, 2018.

SPIVAK, G. Ch., *A Critique of Postcolonial Reason. Toward a History of the Vanishing Present*, Cambridge (Mass.)-Londres, Harvard University Press, 1999.

SUMMERFIELD, G. y POLLICINO, R. (eds.), *Unframing and Reframing Mediterranean Spaces and Identities*, Leiden-Boston, Brill, 2024.

TODOROIU, T. y KUTELEVA, A. (eds.), *China in the Global South. Impact and Perceptions*, Singapur, Springer, 2022.

VACCA, G., *Alternative Modernities. Antonio Gramsci's Twentieth Century*, Cham, Palgrave Macmillan, 2021.

WATSON, D., AMIN, S. N., WALLACE, W. C., AKINLABI, O. M. y RUIZ-VÁSQUEZ, J. C. (eds.), *Policing the Global South. Colonial Legacies, Pluralities, Partnerships and Reform*, Nueva York, Routledge, 2023.

ZAMAGNI, V., *Occidente*, Bolonia, il Mulino, 2020.

Cfr. Fondo Monetario Internacional FMI: https:// www. imf.org/es/Home (20.04.2024);

ONU Comercio y Desarrollo UNCTAD: https://unctad. org/es (20.04.2024).

Créditos de las imágenes

Pág 46: © Album / akg-images / Cameraphoto
Pág 52: © Martin, Joseph / Anaya
Pág 79: © Album / Alamy